Empreendendo sem fronteiras

★★★★★

O guia prático para negócios internacionais

Dados Internacionais de Catalogação na Publicação (CIP)
(Claudia Santos Costa - CRB 8ª/9050)

Moraes, Marcela Alessandra de
Empreendendo sem fronteiras : o guia prático para negócios internacionais / Marcela Alessandra de Moraes, Luiz Paulo Zani, Marcio Teixeira Bastos. – São Paulo : Editora Senac São Paulo, 2025.

Bibliografia.
ISBN 978-85-396-5342-3 (impresso/2025)
e-ISBN 978-85-396-5343-0 (ePub/2025)
e-ISBN 978-85-396-5344-7 (PDF/2025)

1. Relações econômicas internacionais. 2. Comércio exterior. 3. Micro e pequenas empresas. 4. Empreendedorismo. I. Zani, Luiz Paulo. II. Bastos, Marcio Teixeira. III. Título.

25-2376c CDD – 382
BISAC BUS069020
BUS060000
BUS025000

Índice para catálogo sistemático:

1. Relações econômicas internacionais : Comércio exterior 382
2. Negócios internacionais : Micro e Pequenas empresas 382

Marcela Alessandra de Moraes
Luiz Paulo Zani
Marcio Teixeira Bastos

Empreendendo sem fronteiras

★★★★★

O guia prático para negócios internacionais

Editora Senac São Paulo – São Paulo – 2025

ADMINISTRAÇÃO REGIONAL DO SENAC NO ESTADO DE SÃO PAULO

Presidente do Conselho Regional: Abram Szajman
Diretor do Departamento Regional: Luiz Francisco de A. Salgado
Superintendente Universitário e de Desenvolvimento: Luiz Carlos Dourado

EDITORA SENAC SÃO PAULO

Conselho Editorial: Luiz Francisco de A. Salgado
Luiz Carlos Dourado
Darcio Sayad Maia
Lucila Mara Sbrana Sciotti
Luís Américo Tousi Botelho

Gerente/Publisher: Luís Américo Tousi Botelho
Coordenação Editorial: Verônica Marques Pirani
Prospecção: Andreza Fernandes dos Passos de Paula, Dolores Crisci Manzano, Paloma Marques Santos
Administrativo: Marina P. Alves
Comercial: Aldair Novais Pereira
Comunicação e Eventos: Tania Mayumi Doyama Natal

Edição e Preparação de Texto: Lucia Sakurai
Coordenação de Revisão de Texto: Marcelo Nardeli
Revisão de Texto: Amanda Andrade
Projeto Gráfico, Capa e Editoração Eletrônica: Antonio Carlos De Angelis
Imagens: AdobeStock
Impressão e Acabamento: Gráfica Serrano

Editora Senac São Paulo
Av. Engenheiro Eusébio Stevaux, 823 – Prédio Editora
Jurubatuba – CEP 04696-000 – São Paulo – SP
Tel. (11) 2187-4450
editora@sp.senac.br
https://www.editorasenacsp.com.br

Sumário

Prefácio

Esta obra é uma oportunidade valiosa para explorar os caminhos do ambiente de importação e exportação e oferece uma visão atualizada e abrangente sobre o tema.

O comércio exterior brasileiro passou por transformações significativas na última década, marcadas pelo advento do Portal Único, pela adesão do Brasil à Convenção de Quioto Revisada e ao Acordo de Facilitação do Comércio, entre outros avanços. Nesse contexto, este livro apresenta, de maneira clara e acessível, os novos procedimentos.

Os negócios internacionais têm características particulares e exigem estratégias criteriosas para alcançar êxito no competitivo universo do comércio exterior. Assim, esta obra se revela um guia essencial tanto para empreendedores interessados na internacionalização de seus negócios quanto para estudantes que desejam desmistificar aspectos relacionados a marketing, logística, finanças, estratégias e sistemáticas de vendas no âmbito da exportação e importação. Além disso, o livro destaca a gestão de pessoas como um elemento fundamental para maximizar as probabilidades de sucesso em operações internacionais.

Embora a área de negócios internacionais seja repleta de questões técnicas, os autores facilitam a compreensão por meio de uma abordagem estruturada e didática. Apesar da ampla disponibilidade de informações em fontes abertas na internet, a sistematização do conhecimento, apresentada de forma clara e pragmática, é um dos pontos fortes da obra.

Com atualizações pertinentes, ampla cobertura de temas e uma linguagem acessível, complementada por exemplos práticos e resumos ao final de cada capítulo, esta obra é indispensável tanto para iniciantes no comércio exterior quanto para profissionais em busca de atualização baseada em fundamentos sólidos.

Minha trajetória de quase três décadas no comércio exterior me permite endossar a qualidade e abrangência deste livro. A clareza e simplicidade do texto tornam a leitura instigante, convidando o leitor a explorá-la de uma só vez, ao mesmo tempo que a transforma em uma referência prática para consultas pontuais.

Parafraseando Albert Einstein: "Se você não consegue explicar algo de forma simples, você não o entende bem o suficiente". Ou, conforme as palavras de Leonardo da Vinci, "A simplicidade é o último grau da sofisticação". Os autores Marcela Alessandra de Moraes, Luiz Paulo Zani e Marcio Teixeira Bastos foram muito precisos ao traduzirem a essência do conhecimento com simplicidade e, simultaneamente, preservarem a profundidade e riqueza na abordagem dos temas tratados.

CRISTIANO MORINI

Professor associado da Universidade Estadual de Campinas

Apresentação

Vivemos em um mundo globalizado, com fluxo de comércio de todos os tipos de mercadorias, serviços, tecnologias e acesso a investimentos estrangeiros. De acordo com o Ministério do Desenvolvimento, Indústria, Comércio e Serviços, em 2024, conquistamos um recorde de exportação com a indústria de transformação, posicionando o Brasil entre as 10 maiores economias do mundo (Brasil, 2025).

Ao realizar negócios com outros países, as empresas podem crescer em outros mercados, atrair novos investimentos, novas oportunidades de empregos e desenvolver a economia. Quanto menos depender da instabilidade financeira ou política do seu país, mais segurança os empreendedores terão para expandir e inovar.

Essas oportunidades podem se aplicar também a pequenos negócios, que irão desfrutar de rentabilidade maior, receber investimentos estrangeiros e aprender a ganhar produtividade com a atuação internacional. Com a qualificação do atendimento às exigências internacionais, o talento humano será potencializado, a marca ganhará relevância e, consequentemente, o valor e a lucratividade da empresa crescerão.

Neste livro, apresentamos um panorama das operações de vendas (exportações) e compras (importações) internacionais. Ao longo dos capítulos, compartilhamos vivências que irão guiar o caminho para o crescimento internacional.

Nosso propósito é conscientizar e preparar tanto organizações quanto indivíduos para atuarem com organizações internacionais, bem como promover oportunidades que conectem nações.

Boa leitura!

1 Negócios internacionais

EXPORTAÇÃO

Pequenos negócios correspondem a 41% das empresas brasileiras que exportam

De acordo com levantamento da Secex e do Sebrae o valor exportado foi de US$ 3.2 bilhões em 2022

MERCADO E VENDAS | EXPORTAÇÃO

Micro e pequenas empresas se destacam na exportação

Pequenos negócios estão avançando nos mercados estrangeiros. Em 2022, micro e pequenas empresas responderam por um total de US$ 3,2 bilhões em exportação

É necessário ser uma grande empresa para negociar com outros países? Como pequenos negociantes podem se beneficiar de negócios internacionais?

Essas duas chamadas tiradas de sites de notícias destacam o potencial desse tipo de empresa em atuar em negócios internacionais. No comparativo, a quantidade e os valores de negócios exportadores de pequenas empresas crescem mais do que os de médias e grandes empresas.

Este livro busca derrubar o mito de que o comércio exterior não é para pequenos negócios ou para empreendedores, mostrando que estes podem promover transformações econômicas em suas regiões e países por meio do aumento de renda, do desenvolvimento humano, do conhecimento e das novas tecnologias.

Nessa jornada, convidamos você a conhecer mais sobre os desafios da atuação internacional, identificar oportunidades de negócios e entender os conhecimentos necessários para o cumprimento das legislações brasileiras e dos outros países.

Negócios no Brasil × negócios internacionais

No passado, pensar em uma pessoa de negócios remetia ao estereótipo de alguém bem-sucedido, trajando roupa social, com fala formal e acesso a capital financeiro. Essa posição era para poucos. Alguns herdavam infraestruturas prontas, com equipes longevas, pouca concorrência e o desafio era somente dar continuidade ao negócio.

A realidade atualmente é completamente diferente: as limitações foram rompidas. Hoje, quando pensamos em pessoas de negócios, imaginamos personas de qualquer idade; seu vocabulário formal deu lugar a uma fala que se adapta ao público; as vestimentas são casuais – pessoas referências em negócios, muitas vezes, vestem camiseta básica e jeans surrado. Seu objetivo de vida é criar soluções para a humanidade e deixar um legado.

Grandes infraestruturas e altos investimentos financeiros, que davam à empresa um status de poder, foram substituídos por ideias transformadoras: o simples tomou o lugar do complexo. As equipes passaram a ser diversificadas; a pessoa que está há mais tempo na empresa não necessariamente é quem sabe mais; e de onde menos se imagina, surge uma nova oportunidade. A transformação do perfil empresarial aconteceu mundialmente; no Brasil, teve seu início na década de 1990, quando uma economia fechada se abriu ao fluxo de comércio e capitais internacionais. Por meio do Plano Real, conseguimos estabilizar a inflação. Mas o que a inflação tem a ver com os negócios e com a nossa vida?

De forma simplificada, a inflação é o aumento contínuo dos preços das mercadorias e dos serviços. Imagine viver em uma realidade em que os preços mudam enquanto você está pegando uma mercadoria na prateleira do supermercado. O poder de compra se esvai, assim como a capacidade de escolha e de planejamento. Antes do Plano Real, a inflação no Brasil chegou a 2.500% ao ano, conforme dados da Agência Senado (Westin, 2024). O cenário era incerto também para as empresas: o acesso a capital para investimentos era impraticável, com muitas exigências de garantias e altos juros. Assim, os custos de produção eram elevados, pois não havia acesso à tecnologia e a maquinário apropriado, as matérias-primas precisavam ser adaptadas, não havia soluções de outros mercados a serem compartilhadas, cada empresa se defendia e seguia vivendo com as crises e dificuldades. Dessa forma, como seria possível competir internacionalmente?

Com o início da abertura ao comércio internacional, a taxa de desemprego no Brasil foi reduzida em setores como comércio e serviços, e houve aumento do desemprego na indústria. Com a economia aberta, a população e as empresas puderam optar pelo consumo de produtos de outros países. A estabilidade econômica parecia ser capaz de resolver todos os desafios. Os investimentos se intensificaram, a indústria passou a ter acesso à modernização. Com o controle da inflação, o poder de compra do brasileiro estava melhor. No entanto, estávamos diante de uma competição desigual: as empresas com atuação internacional perceberam que, para exportar, ou seja, vender seus produtos para outros países, precisariam ser mais competitivas e reduzir seus custos.

As oportunidades de atuar internacionalmente

A atuação internacional pode ser dividida em vendas para outros países (exportação), compras (importação) e internacionalização de negócios (empresas que possuem fábricas no exterior e cujos produtos são consumidos pelo mundo).

Desde as grandes navegações, as nações realizam trocas comerciais, mas com a queda do muro de Berlim e o fim da União Soviética, o capitalismo consolidou a globalização por meio da redução de barreiras comerciais e da criação de acordos econômicos entre os países. Com a globalização, o fluxo de comércio de produtos e os investimentos estrangeiros se intensificaram. Os países passaram a se especializar em segmentos de atuação, buscando a inovação e a tecnologia, o que fez com que a concorrência não fosse mais local, mas mundial. Os estudos sobre os hábitos culturais da sociedade e o entendimento sobre política, riscos financeiros e legislação aduaneira também foram impulsionados para que as empresas conseguissem ter atuação internacional.

Nesse contexto, tudo pode parecer complicado e desafiador; no entanto, ao atuar internacionalmente, o mercado passa a ser ilimitado e as oportunidades se multiplicam, o que torna a realidade mais otimista. Para um trabalhador, ter poucas opções de emprego e precisar se submeter a um mercado de trabalho fechado e sem perspectivas pode trazer um sentimento de desmotivação. Assim também funcionam os negócios: se o mercado for limitado, não há razões para investimentos. Entretanto, se o mundo é o limite, é possível planejar um crescimento em grande escala e buscar maior rentabilidade em outros mercados, o que leva a novos investimentos, que, por sua vez, disponibilizam novas vagas de emprego e provocam o aquecimento da economia.

Quanto menos as empresas dependerem da estabilidade financeira ou política dos seus países, mais seguras se sentirão para expandir os negócios. Essas oportunidades, porém, parecem se destinar somente a grandes empresas. Como poderiam se aplicar a pequenos negócios? As possibilidades não se limitam: os pequenos negócios também podem desfrutar de maior rentabilidade, receber investimentos estrangeiros, aprender a ganhar produtividade com a atuação internacional e, com a qualificação do atendimento às exigências internacionais, o talento humano será potencializado, a marca ganhará relevância e, consequentemente, o valor e a lucratividade da empresa crescerão. As oportunidades são diversas e as empresas que estão dispostas a expandir seus negócios, bem como os profissionais que desejam empreender ou encontrar uma nova carreira, têm o comércio exterior como uma saída para o seu crescimento.

Comércio exterior e desenvolvimento de negócios

O comércio exterior abrange a comercialização de bens e serviços além das fronteiras. Há quem diga que, para conquistar o mercado de outros países, deve-se primeiro consolidar a atuação no mercado interno, colocar em prática o plano de negócio, ou seja, entender as características dos clientes e definir o público-alvo, estruturar os processos para a fabricação de mercadorias ou execução dos serviços, entender as normas, a legislação, os tributos, os cálculos sobre os gastos para a composição dos preços, a análise da concorrência, o cuidado com a equipe de trabalho e a distribuição logística, além de inúmeras outras atividades.

Essa ideia precisava ser revisada. Assim, por meio do mercado digital, nasceram as empresas nativas digitais, ou DNVBs (digitally native vertical brands). Essas empresas vão além do e-commerce; são empresas que nascem com a missão de atender ao consumidor de maneira direta, sem intermediários na distribuição. Elas controlam os processos desde o início até o pós-vendas, pois assim possuem dados de toda a cadeia – sim, os dados são importantes para o sucesso dos negócios. As DNVBs atuam personalizando o atendimento. Com os dados e a comunicação direta com os clientes, o aprendizado é muito mais rápido.

Atualmente, não há uma receita única para o desenvolvimento de negócios. As empresas podem atuar primeiro no mercado brasileiro e adquirir conhecimento enfrentando os desafios (que são muitos em nosso país, como mudanças nas leis, infraestrutura, logística, burocracia e altas cargas tributárias), ou ainda iniciar diretamente no mercado exterior, uma vez que, pelo meio digital, as marcas estão mais próximas dos seus consumidores e, com a análise dos dados, podem criar produtos que atendam a diferentes nações.

Outra forma de atuação é mesclar o atendimento aos mercados brasileiro e externo, de acordo com a estratégia de cada negócio, que pode ser focada exclusivamente no financeiro, buscando oportunidades quando o mercado externo está rentável e atrativo, ou construir uma estratégia de fidelidade e abastecimento dos canais de vendas, mantendo uma carteira de clientes fixa no mercado exterior com atendimento também ao mercado brasileiro. Assim, quando a demanda aumentar, o empreendedor deve ter consciência de que será necessário buscar uma solução rápida para atender a ambos os mercados.

Como os negócios internacionais desenvolvem um país?

Se analisarmos dados macroeconômicos do Instituto de Pesquisa Econômica Aplicada (Ipea) e do Instituto Brasileiro de Geografia e Estatística (IBGE), veremos que na década seguinte à abertura da economia brasileira, não alcançamos grandes voos de crescimento. A abertura da economia é um processo gradual, que envolve investimentos a longo prazo e cujos resultados podem variar a depender do contexto mundial.

O Produto Interno Bruto (PIB), índice que mede todas as riquezas de um país em determinado período, demonstra que o Brasil apresentou crescimento entre os anos de 1990 e 2000, porém, foi menor que o PIB da América Latina e o PIB mundial (Ipea, 2017). As razões foram muitas, como a instabilidade política decorrente do impeachment do então presidente Fernando Collor de Mello em 1992, dívidas externas advindas de instituições financeiras estrangeiras para financiar projetos de infraestrutura e social, além do cenário econômico internacional. A recessão de 1990, quando o Governo limitou o saque de poupanças na tentativa de conter a inflação, transmitiu uma mensagem de instabilidade. Quando há interferência do Estado no cenário financeiro de um país, os investidores ficam apreensivos, o que pode acarretar desemprego e baixar o desempenho da economia. Diante do cenário apresentado, podemos questionar: será que os negócios internacionais contribuem para o desenvolvimento de um país?

Os negócios internacionais podem funcionar como motor de crescimento econômico de um país, no entanto, há outros fatores relevantes, como a política econômica, a infraestrutura e a educação. O acesso a novos mercados possibilita a expansão dos negócios. Por meio de novas demandas, as empresas podem ampliar sua produtividade, contratar mais mão de obra, investir em treinamentos, inovação e novas tecnologias. A expansão de novos negócios com resultados positivos levará ao aumento das receitas e da lucratividade, o que pode fazer investidores e empreendedores reinvestirem seus capitais para o crescimento da empresa.

Explorar os negócios internacionais (no caso do Brasil, com as exportações do agronegócio) contribui para o crescimento do PIB, o enfrentamento de crises (como a pandemia de covid-19) e para resultados de superávit na balança comercial. O Brasil é tradicionalmente reconhecido por suas exportações de commodities, que são produtos base, com pouca transformação, de origem agrícola ou mineral. O agronegócio é poderoso e há riquezas naturais em abundância, além de uma diversidade climática que favorece a produção de diversos tipos de culturas; o solo é produtivo e o setor tem avançado em tecnologia e inovação. Porém, não podemos deixar de considerar que commodities estão expostas à vulnerabilidade de preços globais. Para evitar a exposição a riscos globais, o Brasil poderia buscar a diversificação da sua matriz de exportação, incluindo políticas de incentivo à industrialização a fim de valorizar as commodities, transformando-as em produtos de alto valor agregado. Além disso, é importante diversificar as exportações com os segmentos da indústria e de serviços, pois assim o país poderia ter mais investimentos em pesquisa e desenvolvimento.

A criação de novas patentes, tecnologias e processos está ligada à inovação. Quanto mais se investe em produtos inovadores, melhores são os resultados no comércio internacional. Ao alcançar esses resultados e comercializar produtos mais valorizados, o Brasil pode exportar mais, e quanto mais exportar, mais divisas (receber pagamentos de outros países) irá capturar. Quanto mais divisas internacionais receber, melhores serão as reservas financeiras; assim, a economia poderá crescer com estabilidade. Quando um país tem mais reservas e controla seus gastos internos, pode investir no desenvolvimento da nação, melhorando a qualidade de vida e diminuindo a desigualdade.

Atuação em negócios no Brasil

O uso do termo empreendedorismo é recente em nosso meio, o que nos leva a uma reflexão: a mudança do termo teria como objetivo ressignificar palavras como "empresário" ou "patrão"? Raízes históricas, implantadas desde a colonização do Brasil pelos portugueses, podem levar a uma visão negativa sobre a comercialização dos produtos nacionais para outros países, pois isso pode ser visto como "roubo" dessas riquezas. Pode ainda levar ao pensamento de que o que há de melhor nestas terras é enviado a outras nações, enquanto ficam somente as sobras no país.

Mesmo sem falar em negócios internacionais, a palavra "negócios" pode parecer distante da realidade do Brasil. Talvez por falta de educação empreendedora, podemos refletir se a educação no passado era orientada ao trabalhador de acordo com a Consolidação das Leis do Trabalho (CLT). As leis trabalhistas foram criadas durante o governo do então presidente Getúlio Dornelles Vargas, quando o mundo passava por períodos de conflitos, como a Segunda Guerra Mundial (1939-1945). No contexto histórico do pós-guerra, os países buscavam a reconstrução de suas economias e, para isso, precisavam de mão de obra motivada. Naquele período, os trabalhadores conquistaram direitos trabalhistas. Com a nova Constituição de 1988 (Brasil, 1988), os direitos foram ampliados e consolidados e garantiram proteção e benefícios aos trabalhadores.

Com a mudança de gerações e o advento da internet, as pessoas começaram a ter novas aspirações de carreira. As transformações na sociedade começaram a suscitar desejos de autonomia, liberdade e novas carreiras que não estivessem ligadas à CLT. Com essas mudanças, a atuação em negócios no Brasil começou a gerar frutos de empreendedorismo de pequenos e micro negócios. Segundo o boletim do Mapa de Empresas, ferramenta disponibilizada pelo Governo Federal, micro e pequenas empresas foram responsáveis por 6 em cada 10 empregos gerados no Brasil no ano de 2024, reforçando a tendência de ter pequenos negócios liderando a geração de empregos no país.

Atuação em negócios internacionais

O empreendedorismo é vital para o desenvolvimento econômico de um país. Ao inovar e a criar negócios, empreendedores conquistam acesso à renda e têm a oportunidade de gerar empregos. Com a visão de que empreender é possível, o incentivo a programas governamentais e o acesso à educação empreendedora poderão acelerar esse movimento. Nesse sentido, aqueles que se sentem desafiados a persistir e desbravar novos caminhos, superar barreiras, lidar com imprevistos e riscos, atuar em cenários dinâmicos e de constantes mudanças, poderão se identificar com o empreendedorismo. Aos empreendedores, se houver incentivo de políticas públicas e acesso ao conhecimento, atuar em negócios internacionais pode ser um caminho para driblar a concorrência interna, conquistar novas oportunidades e crescer.

Quais seriam as diferenças de atuação em negócios no Brasil e no exterior?

Até agora, abordamos as oportunidades de vendas de produtos brasileiros a outros países, isto é, falamos de exportação. Não podemos deixar de ressaltar, porém, a oportunidade da expansão de negócios por meio da compra de outros países, ou seja, importação. A diferença em atuar em negócios internacionais, seja na exportação ou importação, estará no entendimento de que isso, à primeira vista, demandará investimento para que sejam desenvolvidas competências técnicas e comportamentais.

Atuar com outros países exigirá conhecimento e persistência nos seguintes temas, entre outros aspectos que abordaremos neste livro, pois o ambiente do comércio exterior é muito abrangente e pode mudar de acordo com cada segmento:

- entendimento das legislações brasileiras e internacionais;
- particularidades e exigências regulatórias dos órgãos anuentes;
- investimento em conhecimentos e habilidades de liderança;
- constantes atualizações e treinamentos dos talentos humanos;
- qualidade e padronização dos processos;
- capacidade de produção e aumento de escala;
- investimento em governança para gerenciamento de riscos;
- soluções ligadas ao desenvolvimento sustentável;
- compreensão da infraestrutura logística brasileira e mundial;
- uso da tecnologia;
- atualizações constantes dos sistemas governamentais;
- uso de idiomas, principalmente o inglês;
- uso de termos técnicos ligados ao comércio exterior;
- entendimento sobre pagamentos internacionais;
- análise política e econômica.

Como os negócios internacionais desenvolvem uma empresa?

Partindo da ideia de que para atuar em negócios internacionais precisaremos buscar mais conhecimento e superar desafios maiores do que os enfrentados no mercado brasileiro, é de se esperar que esse esforço traga desenvolvimento em vários aspectos. Segundo Jorge Viana, presidente da Agência Brasileira de Promoção de Exportações e Investimentos (Apex, 2024):

> Empresas exportadoras têm, em média, maior longevidade, crescem mais, pagam maiores salários e empregam mão de obra mais qualificada. Apesar dos benefícios, competir globalmente apresenta desafios significativos, incluindo a concorrência intensa, a burocracia e as exigências regulatórias impostas por outros países.

À medida que as empresas decidam atuar com outros países, a concorrência será global. Pode parecer que saber enfrentar a complexidade e burocracia no Brasil prepara qualquer um para a atuação internacional, mas esta é uma ideia equivocada. A realidade é bem mais complexa. Os indicadores financeiros de custos e produtividade brasileiros não são os mais competitivos do mundo. Há um termo que é conhecido mundialmente: "custo Brasil", que se refere às altas cargas tributárias e à instabilidade regulatória e política, que podem gerar burocracias, além de custos financeiros. A competitividade do Brasil é tida como uma das piores no mundo, principalmente pela falta de qualificação profissional, pela deficiência em infraestrutura logística e pela falta de desenvolvimento de inovação.

O ranking de competitividade global, promovido pelo Instituto de Desenvolvimento de Gestão na Suíça, analisa o desempenho econômico, a gestão governamental, a eficiência empresarial, as pesquisas científicas e o desenvolvimento social. No ano de 2024, o Brasil ocupou a 62ª posição, ficando à frente de Peru, Nigéria, Gana, Argentina e Venezuela. Quando analisamos os países das últimas posições, o Brasil tem a soma de todos os bens e serviços produzidos (PIB) com maior relevância, porém é visto com ineficiência governamental, empresarial e de infraestrutura. Para melhorar a competitividade, é necessário investir em educação, pesquisas e tecnologia, bem como em infraestrutura e logística.

Desafios técnicos no comércio exterior

A relação comercial de venda ou compra de mercadorias ou serviços de outros países pode ser denominada comércio exterior ou negócios internacionais. Para entender bem o setor, é necessário buscar conhecimento técnico em diversas áreas, como negociação – haverá relacionamento com todos os níveis, desde o operacional até o estratégico, com as equipes dos fornecedores e clientes. Para identificar cliente alvo, melhor mercado e fornecedores, serão necessários estudos nas áreas de marketing: planejamento, estratégias, adaptações de hábitos culturais, marketing digital e análise dos dados. Para a produção, é importante dominar as tendências dos padrões de qualidade globais e o controle de processos:

- » **Em logística:** abrange tanto o conhecimento da logística de transporte nacional quanto de multimodal internacional. É preciso analisar as limitações das infraestruturas nacionais e internacionais e identificar oportunidades para reduzir custos logísticos, o que será um diferencial.
- » **Em finanças:** o desafio será mapear o risco-país, entendendo a melhor modalidade de pagamento, acordos e responsabilidades, bem como o funcionamento e os regulamentos das políticas cambiais.
- » **Em regulamentações:** será necessário o entendimento do funcionamento das alfândegas e das atividades de fiscalização e liberação das mercadorias nas fronteiras.
- » **Em governança e gestão de talentos humanos:** entender que as pessoas proporcionam um diferencial aos negócios e que necessitam de valorização, treinamento e oportunidades de desenvolvimento.

Você deve esperar também por inúmeros outros desafios, impossíveis de serem totalmente previstos, pois tudo dependerá das características de cada negócio, mercadoria ou serviço, assim como de cada país.

Como superar os desafios técnicos e expandir negócios internacionalmente?

Para se obter êxito em negócios internacionais, é importante destacar a superação e persistência em alcançar resultados, habilidades ligadas ao empreendedorismo. Em cenários internacionais, a cultura e os métodos de trabalho podem ser diferentes daqueles com os quais estamos habituados. Podemos questionar o funcionamento das leis e regulamentações, mas, na maioria das vezes, o não cumprimento acarretará custos adicionais. Perderemos a paciência inúmeras vezes, seja com um planejamento malfeito ou um processo que não cumpriu o prazo necessário. Será necessário praticar resiliência e entender que não é possível ter o controle de tudo, ainda mais com medidas de distância, idiomas, sistemas de governo e legislações trabalhistas diferentes do Brasil. É importante entender que a todo momento será necessário buscar conhecimento e revisitar nossos entendimentos sobre processos e pessoas, encarando sempre que podemos ser agentes da transformação.

Ao longo deste livro, iremos percorrer o passo a passo dos processos aplicados, tanto para exportação quanto importação, por meio de exemplos vivenciados com suas respectivas soluções, sempre buscando utilizar uma linguagem descomplicada a fim de facilitar o entendimento.

☛ Arrematando as ideias

Ao longo deste capítulo, começamos a desvendar o potencial de atuar com negócios internacionais. Iniciamos uma jornada para desmitificar a crença de que somente grandes corporações podem se beneficiar das oportunidades globais.

Algumas reflexões sobre os temas abordados:

» **Empreendedorismo:** mudanças no perfil e barreiras. O empreendedor pode encontrar soluções com o apoio da tecnologia, da inovação e do acesso a mercados globais.

» **Busca do conhecimento:** a importância do investimento em estudos. Para atuar com negócios, seja no mercado brasileiro ou internacional, precisaremos conhecer assuntos como economia, leis, cultura, história, atualidades, gestão de pessoas, entre outros.

» **Enfrentar desafios:** necessidade contínua de superação. Diante de desafios que vão desde a instabilidade econômica até a infraestrutura logística brasileira, aqueles que desejam lutar por recompensas maiores precisam entender que os obstáculos exigirão pessoas dispostas a crescer.

» **Recompensas:** atuar em negócios internacionais leva ao crescimento. Não falamos somente de recompensas financeiras, mas atuar com culturas, conjunturas históricas e econômicas diferentes daquelas em que estamos inseridos leva ao crescimento e nos torna pessoas com visão mais ampla.

No próximo capítulo, abordaremos a preparação para atuação em negócios internacionais e a importância do planejamento, da estratégia, do estudo sobre as potencialidades e do alinhamento dos processos e das equipes. Embarque conosco nessa incrível jornada!

2 Preparando a atuação estratégica para o mercado internacional

A taxa de sobrevivência das empresas no Brasil

Ainda é grande o número de empresas que não conseguem sobreviver.

No início do capítulo 1 sublinhamos o potencial de uma porcentagem de empresas que acabam se destacando ao se lançarem no mercado internacional por meio da exportação de seus produtos. Vimos, ainda, que uma parte significativa dessas empresas faz parte das chamadas micro e pequenas empresas.

No entanto, ao observar o cenário do empreendedorismo no Brasil, nos deparamos com uma realidade já conhecida, que é a elevada taxa de mortalidade das empresas brasileiras, sobretudo nos primeiros cinco anos, que chega a cerca de 38%, segundo o Sebrae (2023a). Ainda assim, podemos inferir que as micro e pequenas empresas possuem plena capacidade de se destacar no mercado internacional exportando seus produtos.

Ao analisar o contexto e as causas do fechamento dessas empresas já nos primeiros anos, nos deparamos com fatores como falta de capital de giro ou acesso a crédito para tocar o negócio, dificuldade em encontrar clientes, entre outros fatores. O que podemos constatar é que, de alguma forma, todas essas empresas que falharam em avançar nos seus negócios fizeram um planejamento equivocado ou sequer houve um planejamento que minimamente garantisse a abertura e continuidade da empresa.

Este capítulo traz uma visão objetiva sobre um questionamento que pode se apresentar quando pensamos em empreender: existe um caminho mais seguro para atuar no mercado internacional?

Planejamento estratégico

O planejamento estratégico é fundamental para qualquer empresa que pretenda atuar no mercado internacional. É um componente essencial que deve ser estruturado antes de qualquer jornada. O planejamento serve exatamente para analisar as oportunidades e a capacidade de atuação; permite traçar um diagnóstico que pode demonstrar em qual situação a empresa se encontra; e possibilita conhecer os reais desafios e riscos, entre outros fatores que funcionam como pilares para se planejar de maneira mais consistente e segura, além de diminuir os riscos da estratégia.

O objetivo deste capítulo é apresentar aspectos relevantes para empresas que buscam o mercado internacional. Nesse sentido, um dos caminhos pelos quais uma empresa pode planejar a sua atuação é mapear o mercado e as oportunidades. Depois, traçar um diagnóstico para conhecer a situação da empresa e partir para uma reflexão sobre como definir objetivos precisos que norteiem a empresa no próximo aspecto a ser apresentado, que trata de observar os pontos estruturais em um planejamento:

- Alinhamento do produto: observar as características que podem ser agregadas com a finalidade de trazer uma percepção maior de qualidade por parte do público-alvo.

- Alinhamento dos recursos-chave: identificar e organizar os recursos necessários para realizar as estratégias definidas pela empresa.
- Alinhamento dos processos: trazer uma reflexão sobre como estabelecer processos eficientes que facilitem a operacionalização das ações necessárias, com base nas estratégias definidas pela empresa.
- Alinhamento da equipe: trazer um olhar sobre esse ponto estrutural dentro do planejamento estratégico, que envolve a formação de uma equipe capacitada, competente e engajada com a postura da empresa para o desafio de atuar no mercado internacional.

Com essas diretrizes, você poderá trabalhar alguns aspectos para desenvolver um planejamento que permita à empresa atuar no mercado internacional de maneira consistente, competitiva e inovadora.

Tudo começa pelo diagnóstico do negócio

Antes de se lançar em qualquer jornada, é importante entender alguns pontos fundamentais sobre a empresa:

- Onde ela está, exatamente?
- Qual é a sua saúde financeira?
- Qual é a capacidade, em quantidade e qualidade, de atender aos seus clientes?
- Onde estão seus clientes, mercados e oportunidades?

Esses são questionamentos que deverão ser respondidos logo no início do planejamento. Antes de começar a operar no mercado internacional, nas operações de importação ou de exportação, é necessário saber exatamente qual é o estado atual da empresa; entender, em profundidade, quão pronta ela está para impulsionar o negócio em direção ao mercado internacional e compreender se aquela é realmente uma oportunidade. É fundamental traçar um diagnóstico que traga um desenho da situação da empresa, um cenário do mercado e a oportunidade que representa, além de entender o público que será atendido.

Todo planejamento deve começar com um diagnóstico preciso, que traga as informações necessárias para entender o mercado em que se pretende atuar e una elementos que permitam avaliar se a empresa realmente está diante de uma oportunidade, além de trazer informações sobre o perfil do cliente. Nesse contexto, para traçar um diagnóstico, vamos observar e entender o mercado, bem como a oportunidade ali presente, a partir de dois aspectos básicos: o público-alvo e o nível de serviço.

Entendendo o mercado: público-alvo e o nível de serviço

Fazer uma análise do mercado e organizar as informações de maneira simples e objetiva auxiliará a compreender o tamanho da oportunidade que a empresa tem pela frente, ou ainda, o quanto é possível inovar em determinado mercado.

Sugerimos observar o mercado a partir da análise de dois aspectos: o externo, em que o olhar pode ser direcionado para a ideia de produto e para a investigação de como essa ideia se conecta com o mercado (aqui vale refletir sobre a relevância do produto para o mercado, pois quanto mais relevante, maior será a oportunidade para a empresa); e o interno, no qual o foco está na investigação a partir dos conhecimentos da empresa sobre a atuação no negócio, paixões pessoais enquanto empreendedor, aceitação do mercado para os produtos ou serviços, entre outros fatores.

Em muitos casos, as melhores oportunidades de negócios estão na intersecção da capacidade e do conhecimento da empresa com aquilo que o mercado deseja e tem condições de adquirir. A observação desses dois pontos permite o desenho de um mapa de oportunidades para o produto ou sua ideia.

Uma vez realizada a investigação do mercado internacional e mapeadas as oportunidades, outro aspecto muito importante em um diagnóstico é entender o público-alvo. Compreender o perfil dos clientes ajudará a identificar características específicas, modelos de comportamento e padrões de tomada de decisão, além de entender o que esse público busca em um produto como o que se pretende oferecer no mercado internacional.

Vale iniciar pela seguinte reflexão: qual é o perfil do público? Conhecer bem as suas características pode aumentar consideravelmente as chances de sucesso. Um caminho para essa investigação é fazer um exercício de empatia (colocar-se no lugar e na situação do cliente e tentar projetar-se e entendê-lo no contexto em que se encontra), relacionando suas necessidades, desejos e aspirações a respeito do produto, entre outras características.

Outro ponto a ser observado no diagnóstico é o nível de serviço, ou seja, o grau de qualidade que a empresa consegue oferecer para o mercado internacional, portanto, é importante entender a grandeza da qualidade que se consegue oferecer para o mercado.

Quando uma empresa disponibiliza seus produtos ou serviços para o seu público-alvo, algumas características podem ser diferenciais: o atendimento, a embalagem, o preço, a tecnologia envolvida na fabricação do produto, etc. Dessa forma, é muito importante, em um diagnóstico, identificar qual é o nível de serviço. Para identificar o nível de serviço que a empresa consegue oferecer aos seus clientes, sugerimos a análise de seis pontos a seguir:

1. **Consistência:** relacionada à confiabilidade e capacidade de entregar exatamente aquilo que se oferece para o público-alvo, no que diz respeito à quantidade, qualidade e prazos, por exemplo.

2. Disponibilidade: relacionada ao compromisso e à flexibilidade para se adequar às necessidades dos clientes.
3. Desempenho operacional: deve-se observar quão especializada a empresa está para solucionar os problemas dos clientes, considerando velocidade no atendimento, rapidez de resposta, pontualidade, execução, entre outras características ligadas à expertise da empresa.
4. Potencialidades: são os pontos fortes do negócio, que proporcionam vantagens para a empresa (para estar à frente dos concorrentes e oferecer melhores soluções para o público-alvo).
5. Vulnerabilidades: pontos fracos ou pontos de atenção que acabam por influenciar negativamente a competitividade da empresa (diminuir a qualidade das soluções oferecidas aos clientes ou gerar desvantagens em relação aos concorrentes, por exemplo).
6. Atributos de valor: são as características que a empresa consegue agregar ao seu produto e que podem aumentar a percepção de qualidade por parte do seu público-alvo. Aqui, a empresa deve começar a entender quais são os diferenciais do seu produto, o que o torna competitivo e especial em relação às outras opções oferecidas no mercado pelos concorrentes. Identificar os pontos fracos e fortes ajudará a refletir sobre quais atributos a empresa poderia agregar a sua solução para ajudar a ampliar esse grau de qualidade.

Assim, compreendemos que o diagnóstico traz condições para que sejam definidos os caminhos por onde a empresa pode e deseja seguir.

Construindo objetivos bem definidos no mercado internacional

Uma vez traçado o diagnóstico, a empresa pode olhar para o futuro e começar a refletir sobre onde e como gostaria de estar, para onde gostaria de ir, ou ainda, quanto espera alcançar em termos de faturamento e visibilidade, por exemplo. A partir dessas reflexões a empresa pode definir, de maneira precisa, quais são os objetivos para o seu negócio. É importante observar que, ao estabelecer os objetivos, deverá ter bem explicado o que irá perseguir e o lugar exato para o qual irá caminhar.

Deve-se evitar objetivos vagos, do tipo "aumentar as vendas", "atender melhor os clientes", ou ainda "reduzir as reclamações dos usuários", pois nesses casos não seria possível medir, quantificar ou acompanhar se a realização do objetivo está ou não próxima. Os objetivos devem ser o mais específico possível, como: "aumentar as vendas mensais em 10% a partir de janeiro de determinado ano", ou ainda "aumentar em 20% o percentual de produtos exportados, iniciando pela linha 'X', a partir do início do próximo semestre", por exemplo. Ter os objetivos bem definidos e estruturados irá permitir que a empresa consiga definir outra etapa em um planejamento: o caminho a ser percorrido.

A cultura exportadora

Antes de falar sobre o alinhamento e a estruturação do caminho estratégico para atingir os objetivos definidos, cabe mencionar a importância de se construir uma cultura exportadora na empresa. Atuar sob uma cultura exportadora é um elemento fundamental para empresas que buscam expandir seus negócios no mercado internacional, pois, ao desenvolver esse tipo de visão, a empresa acaba por se adaptar em termos de estratégias, alinhamento de ações necessárias por parte da equipe, busca de conhecimentos e expertises demandadas para a boa atuação na área de comércio internacional, além da postura e mentalidade para entender que a atuação no mercado internacional requer que a empresa como um todo esteja engajada em oferecer uma experiência interessante para o seu público-alvo, buscando sempre um cenário de frequência e continuidade na oferta de produtos.

A cultura exportadora, então, torna-se também um pilar estratégico que permite desenvolver a postura necessária para atuar no cenário complexo e desafiador que é o mercado internacional.

Alinhamento do produto

Um dos diversos pontos presentes em um planejamento estratégico é a estruturação do caminho para uma empresa atuar no mercado internacional. Para pensar na construção desse caminho, devemos considerar também que existem alguns pontos estruturais que necessitam ser alinhados, e um deles, de que vamos tratar agora, é o produto.

Em se tratando do alinhamento do produto, deve-se pensar em quais ações podem ser adotadas pela empresa para que seu produto (ou serviço) possa gerar mais valor para o público-alvo. Nesse aspecto, a empresa pode refletir sobre quais atributos (características) do produto podem ser adicionados com a finalidade de trazer mais inovação para a sua solução. Por exemplo, uma embalagem inovadora, serviços que resolvam problemas de forma criativa, uma forma de atendimento mais eficaz, um preço especial, maior tecnologia, uma adaptação específica, entre outros aspectos que indiquem maior qualidade.

Outra maneira pela qual a empresa pode contribuir para o grau de qualidade é desenvolver um processo inovador: por exemplo, pensar uma forma de melhorar o processo de consumo do seu público-alvo, desde o início até a entrega do produto ou serviço, e então encontrar maneiras de tornar esse processo especial. Um modelo de negócio diferenciado para o público-alvo pode ser uma maneira de inovar em um produto ou serviço. A empresa pode até oferecer um produto parecido com o da concorrência, com o mesmo processo, mas trabalhar a forma de oferta e comercialização de maneira diferenciada.

Tomando o produto como ponto estrutural, a empresa pode considerar ainda a possibilidade de investir no posicionamento. A forma como o produto ou a ideia de negócio serão posicionados pode se traduzir em inovação de resultado para o negócio. Para isso, vale refletir sobre a imagem que o produto terá para o público-alvo. É importante entender muito bem qual é a transformação que o produto gera nas pessoas que irão consumi-lo, pois é isso que conecta o produto a elas.

Considerando o alinhamento do produto, a empresa deve definir quais serão as ações a serem adotadas para elevar o grau de qualidade do negócio. Para isso, pode-se estabelecer estratégias considerando quatro pontos: atributos do produto, processo, modelo de negócios e posicionamento. Quanto mais pontos forem combinados e incorporados à estratégia, maior será a possibilidade de aumentar a barreira de imitação (para os seus concorrentes) e maior será o potencial de inovação.

Alinhamento dos recursos necessários

Outro ponto estrutural a ser observado no planejamento estratégico para atuar no mercado internacional são os recursos. Sobre esse ponto estrutural, cabe uma reflexão em relação aos recursos principais necessários para o negócio (materiais, financeiros, tecnológicos, entre outros). A empresa talvez precise de um espaço físico (um imóvel, uma sala, um centro de distribuição, por exemplo), de algum equipamento ou tipo de tecnologia (computadores, máquinas, veículos, softwares), além dos recursos financeiros, necessários para investir e garantir um capital de giro ou uma reserva até que as coisas caminhem com mais tranquilidade.

Para traçar o caminho estratégico rumo ao mercado internacional, a empresa deve ter bem definidos os recursos necessários no dia a dia, que farão o negócio ou a ideia caminhar. Entendidos os principais recursos necessários, a empresa consegue definir também os processos essenciais para desenhar esses pontos estruturais dentro do planejamento estratégico.

Alinhamento dos processos-chave

Podemos entender processo como um conjunto de atividades que acontecem em sequência e que estão interligadas para levar a empresa a um determinado objetivo. Entendemos, então, que outro ponto estrutural no planejamento da empresa para a atuação no mercado internacional é o alinhamento desses processos-chave.

Nesse sentido, para alcançar o objetivo proposto, vale alinhar e entender como está desenhado o fluxo da oferta do produto ou ideia de negócio ao mercado internacional. Pense no fluxo das operações no dia a dia do negócio ou ideia. Quais são os principais processos? Esse conjunto de atividades-chave será responsável por colocar a estratégia em prática.

A empresa deve pensar em uma cadeia estruturada para esse conjunto de atividades desde o momento inicial (a observação das necessidades do cliente ou a confecção do produto, por exemplo), até o momento final (a entrega dessa solução para o público). Esse conjunto de atividades acontecerá no dia a dia para que os resultados sejam apresentados aos clientes.

Dessa forma, entendemos que, se a empresa quer entregar qualidade superior para o seu público, deve também alinhar todos os principais processos dentro dessa estratégia, por exemplo, a forma de negociar e vender o produto, de engajar as pessoas, como as atividades são realizadas internamente, entre outros fatores. Algumas reflexões que podem ajudar:

» Como será fabricado o produto?
» O produto necessitará ser armazenado?
» Como o consumidor terá acesso ao produto?
» O produto será entregue de que maneira?
» Qual é o caminho desde a concepção até o momento em que o produto é disponibilizado para o consumidor?

Alinhamento da equipe

Todo planejamento estratégico é efetivado pela atuação das pessoas responsáveis pela execução do que foi planejado. Nesse sentido, outro ponto a ser estruturado é o alinhamento da equipe. As pessoas são partes fundamentais dentro do processo de oferta de um produto ou serviço para determinado público-alvo, afinal, são as pessoas envolvidas nas ações de produção, criação, venda, entrega, entre outras atividades, que farão com que as estratégias sejam efetivadas. A empresa, então, deve pensar nesse aspecto, atentando-se às funções necessárias e às pessoas para ocupar essas funções. Desse modo, é preciso refletir:

- » Quais as posições-chave que a empresa necessita para a sua estratégia?
- » Há demanda de alguma função específica?
- » De que maneira se darão essas relações?
- » Quais as formas de motivação e comunicação entre as pessoas dessa equipe?

Ao pensar nos processos, é desenvolvido um olhar interessante para entender quantitativa e qualitativamente esse ponto estrutural.

Alinhamento da liderança

Considerando o que foi apresentado até agora sobre planejamento estratégico, já tratamos de identificar como e em que ponto o negócio ou ideia da empresa se encontra. Partindo desse diagnóstico, falamos da decisão sobre o destino da empresa, os objetivos para o negócio. Uma vez definido o lugar em que se quer chegar, tratamos das formulações das ações estratégicas que a empresa precisa adotar para concretizar tais objetivos.

Alinhados esses elementos, é dado o momento de refletir sobre como materializar tudo isso em ações. É hora de tratar da execução de todas essas ações estratégicas e, por esse motivo, o alinhamento da liderança é importante, tanto para controlar os processos e as ações envolvidas na execução do planejamento estratégico para a atuação no mercado internacional, passando pelos controles de metas e objetivos, quanto para a gestão da equipe envolvida na execução das ações planejadas.

A ideia é que a empresa tenha essas ações organizadas juntamente com os prazos estipulados, os objetivos, as pessoas responsáveis por cada ação e como serão feitas essas ações. Isso servirá também como forma de controlar as metas. Faz parte da liderança desse processo olhar esse quadro durante a execução do que foi planejado e conseguir identificar se tudo está caminhando ou se ainda é necessário fazer algum ajuste.

Arrematando as ideias

Voltando ao questionamento apresentado no início deste capítulo: existe um caminho seguro para colocar em prática um plano de atuação no mercado internacional?

Podemos inferir que não existe um caminho que garanta total segurança a uma empresa que almeje atuar no mercado internacional. No entanto, ao considerar os aspectos trabalhados no decorrer deste capítulo, entendemos que existem princípios que, se bem observados pelos empreendedores, podem garantir uma diminuição considerável dos riscos de empreender em uma jornada rumo a mercados internacionais.

Salientamos a importância do planejamento estratégico para qualquer iniciativa de empresas que desejem atuar no mercado internacional, lembrando que o olhar atento para esse aspecto pode trazer um preparo mais consistente em relação aos passos necessários, bem como a escolha do caminho a ser percorrido.

Considerando esse caminho, tratamos do diagnóstico como um aspecto inicial para o planejamento de uma empresa, entendendo que, ao fazer uma leitura das características do mercado e dos consumidores, o empreendedor poderá enxergar com maior clareza se está realmente diante de uma oportunidade. Uma vez traçado esse diagnóstico, pode-se então estruturar de maneira bem definida os objetivos almejados pela empresa.

Por fim, uma vez que a empresa entenda o lugar onde se encontra e para onde deseja ir, fica mais fácil desenhar a estratégia para alcançar os objetivos propostos.

Para definir esse caminho, tratamos dos alinhamentos que a empresa necessita fazer considerando o produto, os recursos, os processos, a estruturação da equipe e a identidade da empresa.

A intenção deste capítulo foi trabalhar os princípios do planejamento estratégico para que empresas que pretendam atuar no mercado internacional o façam de maneira mais segura e estruturada.

3 Gestão de pessoas na estruturação de negócios internacionais

A importância da gestão de pessoas para as empresas inovadoras

Conceito foi amplamente abordado nas palestras da manhã de hoje.

Do que vale ter tecnologia de ponta, inteligência artificial (IA) adaptada para o modelo de negócios, escritórios localizados em pontos estratégicos, equipamentos de última geração, se não houver pessoas capacitadas, treinadas, motivadas e aptas a administrá-los?

Qual a importância das pessoas nesse processo? Seria possível alcançar os objetivos sem a participação e integração das pessoas? A manchete anterior enfatiza a importância das pessoas nos diversos processos (tanto internos como externos) das empresas nacionais ou multinacionais.

Este capítulo demonstra a importância da gestão de pessoas nos processos internacionais, sejam a distância ou locais, nos países escolhidos para a atuação ou expansão, no processo de criação, implementação, manutenção, expansão e inovação das empresas, por meio da gestão e do gerenciamento corretos das pessoas e de seus perfis.

Gestão de pessoas: visão geral

A área de gestão de pessoas, além de estratégica, foca em gerenciar e direcionar práticas e políticas voltadas para o capital humano. Sua principal função é a de alinhar as metas da empresa com as necessidades e expectativas dos funcionários. Essa parte inclui a atração, o recrutamento, a seleção, o desenvolvimento, a motivação e a retenção de talentos, e não para por aí, vai além dos aspectos burocráticos, como administrar benefícios, envolver estratégias para engajar a equipe, fortalecer a cultura da empresa, desenvolver habilidades e garantir um ambiente de trabalho saudável e produtivo.

Líderes de equipe, gerentes e supervisores usam a gestão de pessoas para supervisionar o fluxo de trabalho e impulsionar o desempenho dos funcionários todos os dias. Trataremos sobre liderança mais à frente neste capítulo, mas é importante saber que esse papel é fundamental para o desenvolvimento e a orientação dos colaboradores, principalmente de suas responsabilidades e desafios no que se refere à equipe e ao alcance de seus objetivos.

Para as empresas que pretendem avançar/expandir para o mercado internacional, é de extrema importância que a sua base de gerenciamento de pessoas seja fortemente constituída e faça parte da política da empresa.

Desse modo, será possível diminuir o microgerenciamento e promover o empoderamento dos profissionais de comércio exterior. Podemos citar cinco ações que podem ser aplicadas nas empresas domésticas em sua administração local, de forma a constituir a base de preparação de pessoas e equipes que atuarão no mercado internacional:

1. **Retenção de funcionários:** temos acompanhado recentemente as estatísticas referentes à demissão de colaboradores por iniciativa própria. Esse fator se deve principalmente ao ambiente e à liderança da empresa. Casos de transtornos de saúde mental ocasionadas por tais fatores tornaram-se públicos, principalmente pós-pandemia de covid-19 (Sebrae, 2023c). As pessoas não deixam uma empresa; elas deixam um ambiente tóxico e um líder ruim. Por outro ângulo, as pessoas sempre se lembram de um bom líder, com quem era leve trabalhar, que as ajudava a atingir seus objetivos e as valorizava individualmente em suas melhores competências.
2. **Impulsionar a produtividade, o comprometimento e o desempenho:** quando as pessoas se sentem valorizadas, reconhecidas e recompensadas pelo seu bom trabalho, entendem o papel que desempenham na organização e como podem progredir em sua carreira, além de demonstrar engajamento e melhor desempenho no trabalho.
3. **Criar um ambiente de trabalho positivo e de apoio:** a gestão eficaz de pessoas promove um clima de apoio mútuo entre as pessoas. Como consequência, elas têm mais probabilidade de se sentir felizes, engajadas e demonstrar uma atitude positiva no trabalho, o que contribui para uma atmosfera positiva para todos.
4. **Desenvolvimento de habilidades:** bons gestores ajudam os funcionários a se desenvolver em suas carreiras e a ganhar a habilidade e a confiança de que precisam para atingir suas metas pessoais e profissionais, o que beneficia também a organização.
5. **Impulsionando o desempenho empresarial:** o objetivo final da gestão de pessoas é atingir as metas e a missão da organização. Quando as pessoas são gerenciadas de forma eficaz, são mais propensas a ter sucesso em sua função e contribuir para essas metas.

Como exemplo de empresa modelo no gerenciamento de pessoas, podemos citar a FedEx, que criou o sistema PSP (people, service and profit, ou pessoas, serviços e lucros, em português), simples e com foco nas pessoas e no ambiente da empresa, cuja filosofia resulta da ideia de seu fundador, Frederick Smith, de tornar os funcionários partes integrantes do processo de tomada de decisão, pois ele acreditava que, quando as pessoas são colocadas em primeiro lugar, elas fornecem o melhor serviço possível e os lucros serão uma consequência.

★ **VOCÊ SABIA?**

A FedEx ocupou a 17ª posição na lista Empresas mais admiradas do mundo da *Fortune* em 2024, sendo a empresa de entregas mais bem classificada na lista geral (Istoé Dinheiro, 2024). A empresa opera em mais de 220 países e territórios, conectando cerca de 99% do PIB mundial por meio de sua rede global de transporte. A FedEx emprega mais de 500.000 pessoas e movimenta aproximadamente 14,5 milhões de pacotes por dia.

Perfil do profissional de comércio exterior

A área de comércio exterior oferece uma gama muito abrangente de diversos segmentos. Para trabalhar no comércio internacional, um profissional precisa ter um conjunto de habilidades e conhecimentos que o capacitem a lidar com as complexidades de operar em mercados globais. Assim, o perfil do profissional da área segue algumas características básicas, mas muito importantes para se obter sucesso nessa carreira tão diversificada e promissora, principalmente com a globalização e a queda das barreiras internacionais. Por tratar com diversas áreas do comércio internacional, isso pode abranger desde aspectos geográficos e culturais até legislações específicas, como política e economia. Vejamos:

» Conhecimento em comércio internacional: ter graduação em comércio exterior, relações internacionais, administração com

ênfase em negócios internacionais. Conhecer leis, regulamentações e políticas comerciais dos países com os quais a empresa faz negócios, incluindo acordos comerciais internacionais e práticas de compliance, também se mostra de extrema importância na área de conhecimento internacional.

- Idiomas: a comunicação entre as empresas é uma das condições para que o comércio internacional ocorra, portanto, fluência em inglês é essencial, e conhecer outros idiomas utilizados no comércio internacional, como espanhol e mandarim, também é importante.
- Competências culturais: ter capacidade de entender e respeitar as diferenças culturais, pois isso facilita a comunicação e a negociação com parceiros de diferentes países. Ter flexibilidade para adaptar-se a diferentes ambientes culturais e de negócios.
- Habilidades de negociação e comunicação: ter forte habilidade em negociação para fechar acordos vantajosos, resolver conflitos e estabelecer parcerias estratégicas na comunicação verbal e escrita, para interagir efetivamente com stakeholders internacionais.
- Conhecimentos em logística e cadeia de suprimentos: ter conhecimento em processos de logística internacional (incluindo transporte, armazenagem e distribuição de mercadorias) e capacidade

de gerenciar e otimizar a cadeia de suprimentos global para garantir eficiência e redução de custos.

- **Habilidades analíticas:** ter capacidade de realizar pesquisas de mercado, analisar dados econômicos e identificar oportunidades e ameaças no mercado internacional, além de desenvolver e implementar estratégias de entrada e expansão em mercados internacionais.
- **Tecnologia e inovação:** ter conhecimento de softwares e ferramentas de gestão de comércio internacional, bem como aptidão para utilizar novas tecnologias e inovações para melhorar os processos e a competitividade no mercado global.
- **Habilidades financeiras:** possuir entendimento de finanças internacionais, incluindo câmbio, financiamento de comércio e gestão de risco cambial, sendo capaz de elaborar e gerenciar orçamentos e previsões financeiras para operações internacionais.
- **Networking:** construção e manutenção de uma rede de contatos com profissionais e organizações relevantes no comércio internacional.
- **Qualidades pessoais:** ter capacidade de agir de forma autônoma e tomar iniciativa para resolver problemas e aproveitar oportunidades, além de conseguir lidar com desafios e pressões, mantendo o equilíbrio emocional e a eficácia em situações adversas.

As oportunidades na área de comércio internacional são inúmeras e se adaptam a muitos perfis. Citamos algumas delas:

- importação-exportação;
- contratos internacionais;
- marketing digital;
- impostos e taxas;
- trader comercial;
- finanças internacionais;
- negociador internacional;
- comissário aduaneiro certificado;
- transporte e logística.

Como podemos notar, o profissional de comércio exterior deve conhecer um pouco de cada área e se especializar naquela com a qual mais se identifica, podendo assim contribuir de maneira efetiva para o desenvolvimento próprio e das operações.

★ **SAIBA MAIS**

De acordo com o artigo "Os principais desafios e oportunidades para o comércio exterior em 2024", de José Carlos Raposo, presidente da Feaduaneiros, as previsões para o crescimento e posicionamento do Brasil perante o mercado internacional são inúmeras, portanto também são inúmeras as oportunidades para os profissionais de comércio exterior. Leia pelo QR code. Acesso em: 22 nov. 2024.

Estruturando equipes competentes

Como vimos no início deste capítulo, a importância da gestão de pessoas nos dá fundamentos e estrutura para um desafio maior: a formação de equipes competentes e unidas. A participação do corpo gerencial e diretivo é de extrema importância para tangibilizar essa etapa. Veremos mais à frente neste capítulo a importância do líder na integração das pessoas e dos processos no comércio internacional.

A fase atual da economia global afetou o mercado de trabalho internacional diretamente, em diferentes formatos. Um relatório publicado pelo Fórum Econômico Mundial afirma que os países de renda mais alta estão enfrentando escassez de mão de obra qualificada, enquanto os países emergentes carecem de oportunidades de emprego (Redinz; Rocha,

2024). Para equilibrar esse contraste de maneira sustentável e produtiva, as organizações estão priorizando a melhoria da qualidade dos ambientes de trabalho para reter e apoiar o desenvolvimento de habilidades e o avanço na carreira dos funcionários, ou seja, a gestão de pessoas.

Se gerenciar e administrar equipes no mercado doméstico já é um desafio, imagine fazê-lo em âmbito internacional. A formação da base acontece aqui, na empresa, com o engajamento de todo o corpo diretivo na comunicação das ações e políticas a serem adotadas na gestão das pessoas focadas no comércio internacional. Formada essa base sólida, podemos pensar na formação de equipes internacionais eficientes, autônomas e que tenham pleno conhecimento de suas atribuições, mediante a influência de líderes que promovam o crescimento e o empoderamento dos profissionais que irão representar a organização no exterior. Alguns pontos a serem avaliados:

- » **Estrutura da equipe:** identificar e criar uma estrutura clara, com funções e responsabilidades de trabalho, ajuda a estabelecer prioridades e responsabilidades dentro de uma organização, com um planejamento estratégico.
- » **Proximidade com os gestores:** uma organização precisa avaliar a disponibilidade de engajamento dos funcionários com seus gestores diretos, buscando facilitar a comunicação e as tomadas de decisões.

Se os objetivos estão definidos, as pessoas engajadas em suas funções e atribuições (é importante ter o perfil correto com a função determinada), com definição clara de metas individuais e global, a parte mais difícil já foi feita. Fomentar a autoestima dos colaboradores por meio de atividades focadas no engajamento pode ajudar a criar melhores relacionamentos, mas os gestores também precisam oferecer oportunidades individuais para garantir que as necessidades e preocupações de cada um sejam abordadas.

A escolha correta do profissional (perfil), treinamento, plano de carreira, cursos de aperfeiçoamento, salários e benefícios compatíveis com a função e um ótimo ambiente de trabalho propiciam a baixa rotatividade na equipe. Esse fator é primordial para o comércio internacional.

O desenvolvimento de novos mercados é delicado e moroso, o que torna a confiança no relacionamento um dos aspectos mais importantes e sólidos nos projetos para o mercado internacional. Gerenciar equipes globalmente pode ser desafiador, mas altamente recompensador, e requer um equilíbrio de conhecimento entre normas culturais e tecnologias em cada local de operação, mas principalmente o conhecimento da equipe. A adaptação é crítica para que as organizações construam uma equipe bem-sucedida e diversificada em locais internacionais, e os gestores devem ser flexíveis em suas abordagens.

Outro aspecto importante para se atentar é priorizar a utilização da mão de obra do país de destino. É necessário procurar conhecer o país, o mercado, a concorrência e todos os aspectos que podem contribuir para o sucesso ou o fracasso da operação. Algumas corporações demoraram a perceber que somente transferir suas equipes locais para outros países não era suficiente para alcançar o sucesso no ingresso em novos mercados. Hoje, as empresas formam equipes internacionais mesclando profissionais da matriz com profissionais contratados nos países de destino. A adaptação dos modelos de negócios, dos produtos e das maneiras de gerenciamento faz toda a diferença quando se fala em gerenciamento internacional. O modelo que funciona no Brasil pode não funcionar em outro país se a transferência for feita diretamente e sem as devidas adaptações.

Hoje em dia, muitas empresas contam com funcionários espalhados pelo mundo, aproveitando a diversidade e o conhecimento local para se destacar no mercado. Um ponto a observar é que equipes que estão em lugares diferentes enfrentam um grande desafio: a sensação de desconexão que a distância física e as diferenças culturais podem criar. Como consequência dos ruídos de comunicação, gera-se o déficit na confiança.

Executivos que lideram equipes globais enfrentam esses desafios. Criar grupos de trabalho bem-sucedidos já é difícil o suficiente quando todos compartilham do mesmo espaço. Quando os membros da equipe são de diferentes países e trabalham em espaços físicos diferentes, a comunicação pode se deteriorar rapidamente, e a cooperação pode terminar em desconfiança.

Uma diferença básica entre as equipes globais que funcionam e aquelas que não está no nível de distância social — o grau de conexão emocional entre os membros da equipe. Colegas de trabalho que estão geograficamente separados não conseguem se conectar e se alinhar facilmente, então experimentam altos níveis de distanciamento social e lutam para desenvolver interações eficazes. Mitigar tal distanciamento, portanto, torna-se o principal desafio de gestão para o líder de equipe global. O que fazer?

Para corrigir diferentes percepções entre diferentes grupos espalhados ao redor do mundo, a liderança precisa transmitir mensagens claras e específicas na condução da equipe. Aqui, relacionamos pontos importantes na formação e manutenção de uma equipe internacional eficiente, unida e determinada a atingir um só objetivo, o sucesso da operação internacional:

Quem somos

Apesar de formadas por diferentes integrantes, de diferentes países, a mensagem de que as equipes compõem uma unidade deve ser clara. Não existe espaço para subgrupos de acordo com localização geográfica, predominância de integrantes de certos países ou idioma falado. Uma equipe é uma equipe.

O que fazemos

É muito importante deixar claro que todos têm um objetivo em comum, apesar de cada pessoa desempenhar seu papel de contribuição para a conquista desse objetivo. Todos são importantes e fazem parte do total.

Presença

Integrantes de uma equipe internacional geralmente estão distantes de seu líder. O contato mais frequente e direto com os que estão mais distantes faz com que se sintam engajados e que sua participação seja tão importante quanto a dos demais.

O processo e a importância da empatia

Por serem de diferentes países, com diferentes fusos horários, costumes, entre outros, proporcionar tempos de interação informal ajuda no conhecimento dos integrantes e suas particularidades, facilitando assim o relacionamento e a integração. A troca constante de feedbacks entre os integrantes da equipe é bastante saudável, assim como estabelecer rotinas de conversas, reuniões, e-mails e outras formas de contato é muito importante para se obter resultados produtivos, tanto quantitativos como qualitativos.

Hora de discordar

Propor discussões e fomentar diferentes opiniões é saudável e deve ser aplicado.

Linguagem e o hiato de fluência

O não domínio de alguns idiomas (por exemplo, inglês) afeta a frequência de participação dos integrantes da equipe. Todos devem possuir um nível mínimo de conhecimento do idioma que prevalece, assim todos poderão participar de forma igualitária.

Aprendendo uns com os outros

Por serem de diferentes países e culturas, a prática do aprendizado mútuo é saudável. Novamente, a empatia atua fortemente nessas situações, e torna a participação efetiva para todos.

A tecnologia e o desafio da conexão

A escolha de canais de comunicação pode agilizar ou frear o andamento de projetos e o desenvolvimento de ideias.

Frequência e formas de comunicação

Definir níveis de respostas de acordo com a tecnologia utilizada. Por exemplo, videoconferências são ágeis e instantâneas, enquanto e-mails aguardam tempo e disponibilidade, sem contar com os fusos horários de diferentes países.

Liderar pelo exemplo

É necessário deixar as regras básicas de convivência claras desde o começo, assim toda a equipe sabe como e quando agir. Liderar pelo exemplo pode ser simples, prático e eficiente.

Como podemos ver, a formação de uma equipe forte, unida, comprometida e determinada constitui um aspecto primordial para a realização e o sucesso do projeto internacional.

Gestão de conflitos: visão geral e princípios

A gestão de conflitos trata de minimizar o lado negativo e potencializar os aspectos positivos da disputa, visando a obtenção de uma situação que atenda a ambos os lados, mas nem sempre isso é possível.

★ **SAIBA MAIS**

Leia no link a seguir uma matéria do jornal *O Globo* que trata de vários conflitos mundiais que ocorrem entre nações por diversas razões e potencializam uma situação que pode se tornar insustentável, arrastando o mundo para um novo confronto mundial. Temos observado diversas tentativas de mediação desses conflitos, mas ainda sem sucesso. Leia o artigo pelo QR code e analise alguns pontos importantes na mediação de conflitos no mercado internacional. Acesso em: 22 nov. 2024.

A resolução de conflitos envolve o processo de redução, eliminação ou término de todas as formas e tipos de impasses. Os cinco estilos para gerenciamento de conflitos, conforme identificados por Thomas e Kilmann (*apud* Schaubhut, 2007), são: competir, comprometer, colaborar, evitar e acomodar.

Internacionalmente, podemos observar que desde o término da Guerra Fria (1989) surgiram diversos tipos de conflitos ao redor do mundo. O surgimento da globalização e a participação de diversos países e seus interesses propiciaram o aparecimento de novas disputas regionais, geopolíticas ou simplesmente de interesse pleno, por fatores econômicos, territoriais e de poder. Os processos de protecionismo e liberalismo promovidos por países-chave na economia mundial fizeram vir à tona diferentes formas de conflitos internacionais. O aumento de novos tipos de conflito (como étnicos e religiosos), a persistência de conflitos antigos (como na Coreia; entre Índia e Paquistão; ou árabe-israelense), e a maior cooperação entre as grandes potências reforçaram o interesse global em lidar com esses problemas. As respostas a esses conflitos podem variar desde ações individuais até medidas conjuntas, como as de blocos econômicos. Usamos exemplos de grandes conflitos internacionais, mas as diferenças de interesses em uma negociação internacional podem ser uma forma de conflito; acordos bilaterais entre países podem provocar conflitos.

Para resolver conflitos internacionais é essencial convencer a outra parte de que as concessões que consideramos necessárias (seja por razões financeiras, morais, etc.) levarão a uma solução bem-sucedida. No entanto, as tentativas de resolver esses conflitos muitas vezes são prejudicadas por partes que focam em pequenas perdas e ignoram ganhos maiores. Questões aparentemente pequenas podem ser símbolos de problemas maiores e, por isso, merecem total atenção.

Há um medo constante de que nossas concessões sejam aproveitadas pela outra parte, o que faz com que muitos negociadores hesitem em agir, resultando na paralisação das negociações. Além disso, barreiras culturais e linguísticas podem dificultar as conversas.

Para superar esses obstáculos, é útil enxergar a resolução de conflitos internacionais como uma jornada, não como um evento único. É importante escolher negociadores que podem mostrar empatia sem comprometer os pontos importantes. Para alcançar esses objetivos, devemos seguir algumas etapas e processos:

Parceria

Mostre que você não é uma ameaça e que deseja trabalhar junto para resolver o problema de forma justa. Trate o outro com respeito, como gostaria de ser tratado. Foque nas qualidades dessa pessoa. Seja autêntico, mas não exageradamente amigável, para não parecer falso. Mantenha a calma e evite dizer algo que você possa se arrepender. Fique atento aos valores e às expectativas do outro.

Empatia

Ser empático significa entender o ponto de vista do outro, considerar seus sentimentos e pensamentos, o que inclui ouvir, evitar julgamentos e preconceitos e demonstrar genuíno interesse. Conheça todos os aspectos da empresa e da situação envolvida, e principalmente o que é importante e necessário para ela. Para ser empático, ouça primeiro, repita o que ouviu para confirmar, e só então ofereça suas sugestões. Certifique-se de que o outro entenda seu ponto de vista também, fazendo boas perguntas até ter certeza de que foi entendido.

Engajamento

Engajar-se é admitir que há um problema e se comprometer a dialogar e resolvê-lo. Escolha o momento certo para engajar, quando ambas as partes estiverem prontas e sem estar lidando com outros problemas maiores. Cuide da linguagem corporal para não parecer defensivo.

Autocontrole

Invista de forma consistente em sua saúde mental e em técnicas de autocontrole, pois isso pode ser decisivo nas negociações e no crescimento internacional da sua empresa. Preste atenção às respostas emocionais e à linguagem corporal para evitar impactos negativos. Procure identificar quais emoções estão surgindo da outra parte e ajuste seu comportamento conforme necessário. Treine suas habilidades emocionais em sua rotina.

Construir confiança

Construa confiança para garantir integridade na resolução do conflito. A confiança se baseia em relacionamentos e sentimentos, então encontre coisas em comum e seja aberto sobre seus valores e experiências; seja autêntico e evite demonstrar que está vendendo uma ideia. Mantenha uma boa reputação e trabalhe para reparar e reconstruir a confiança quando necessário.

Veja a seguir cinco pontos estratégicos e essenciais em uma boa negociação e, consequentemente, na solução de conflitos:

1. Pesquisa: negociações bem-sucedidas começam muito antes de qualquer discussão. Pesquise a outra parte e vá preparado com uma vantagem significativa.
2. Comunicação: é a espinha dorsal de negociações bem-sucedidas. É imprescindível ouvir ativamente as preocupações e os desejos de todas as partes, promovendo uma atmosfera de colaboração. Uma comunicação eficaz constrói confiança.
3. Paciência: é uma virtude que geralmente leva a resultados favoráveis.
4. Mentalidade ganha-ganha: garantir que todas as partes envolvidas se sintam satisfeitas com o resultado. Essa abordagem promove relacionamentos de longo prazo, pois existe o comprometimento em alcançar resultados positivos para todos. Não se trata apenas de fechar um negócio, mas de construir uma parceria.
5. Flexibilidade e adaptabilidade: a adaptabilidade é crucial; permaneça flexível nas estratégias de negociação, ajustando a abordagem com base nas circunstâncias apresentadas. A capacidade de adaptação é um item decisivo nas negociações.

★ **SUGESTÃO**

William Ury é um dos maiores especialistas do mundo em negociação e mediação. Como cofundador do Program on negotiation, ele está por trás de muitas novas teorias e práticas de negociação. Ury é coautor, com Roger Fisher e Bruce Patton, de *Getting to Yes*, um best-seller de 15 milhões de cópias traduzido para mais de 35 idiomas, e autor de vários outros livros, incluindo o premiado *Getting to Yes with Yourself*.

O papel da liderança na integração dos processos e desafios do comércio exterior

40% dos líderes não estão preparados para mudanças, diz pesquisa

Pesquisa da consultoria Olivia ainda apontou que, para os líderes, o engajamento é o maior desafio nos processos de mudança

Essa manchete expõe que 40% dos líderes em ação não estão preparados para mudanças e, num escopo mais abrangente, para a gestão de pessoas e suas equipes. Um líder é fundamental para o sucesso dos colaboradores e, consequentemente, o atingimento de suas metas.

Conforme observamos neste capítulo, no tópico "Estruturando equipes competentes" , o papel do líder é importante em todos os aspectos. A reportagem nos remete à participação do líder para manter a equipe engajada, unida e determinada e esse é o ponto a ser trabalhado nos aspectos da liderança, já que 40% dos líderes entrevistados apontou ser esta uma grande barreira (Exame, 2022). Quando se trata de equipes internacionais, esse ponto torna-se fator de sucesso ou fracasso da equipe e dos seus objetivos.

Vamos ver, neste tópico, a real importância do perfil agregador de um líder para a equipe. O que forma um líder? Quais são as suas competências e suas habilidades em liderar uma equipe?

Liderança global

Liderança global envolve a orientação de equipes e profissionais distribuídos mundialmente, lidando com diferentes culturas e contextos para alcançar objetivos comuns. São pontos essenciais para um líder global eficaz:

- » Consciência cultural: o estilo de liderança é influenciado pela cultura e pelo ambiente. É necessário ajustar práticas para atender a profissionais de diversas culturas, ser sensível às diferenças culturais e colaborar com pessoas de valores distintos, além de ouvir e entender às necessidades locais e adaptar técnicas de gestão conforme necessário.
- » Habilidades de comunicação: é necessário desenvolver uma comunicação eficaz em um ambiente global, superando barreiras culturais, linguísticas e geográficas, comunicando-se de forma clara e eficaz por meio de tecnologias de colaboração e criando um ambiente onde todos se sintam confortáveis para expressar opiniões, ideias e desafios.
- » Pensamento estratégico e visão: é preciso desenvolver estratégias e uma visão forte alinhada com as culturas das equipes multinacionais e criar um ambiente de trabalho que valorize a abertura, confiança e diferentes perspectivas, trabalhando junto com os profissionais para garantir que todos compreendam a missão e as metas da empresa.
- » Inteligência emocional: é necessário gerenciar emoções e entender como elas afetam os outros, além de desenvolver autoconsciência, autogestão, consciência social e habilidades de gerenciamento de relacionamento. É importante ser empático, entendendo os diferentes sentimentos e perspectivas de colegas e equipes.

Quanto ao perfil de liderança global, podemos citar:

» **Análise de desempenho e posicionamento estratégico**
  - **Objetivo:** conhecer as ferramentas e técnicas básicas para analisar o desempenho de uma empresa e seu posicionamento no mercado.
  - **Habilidade:** ser capaz de reavaliar e formular novas estratégias com base na análise dos resultados.

» **Estratégias de negócios internacionais**
  - **Objetivo:** entender teorias, conceitos, modelos e estruturas específicas para estratégias de negócios internacionais.
  - **Habilidade:** ser capaz de estudar os diferentes aspectos que influenciam as decisões estratégicas em mercados globais.

» **Desafios no desenvolvimento e implementação**
  - **Objetivo:** compreender os problemas e desafios no desenvolvimento e na implementação de estratégias de negócios internacionais.
  - **Habilidade:** ser capaz de identificar e analisar dificuldades comuns, como diferenças culturais, regulamentações locais e variações de mercado, criando formas eficazes para superar esses obstáculos.

Essas competências são essenciais para profissionais que querem se destacar no campo dos negócios internacionais e ajudam a tomar decisões estratégicas em um ambiente globalizado.

Falamos do perfil, das competências e das habilidades de um líder no mercado internacional, necessários em virtude do enfrentamento de um mercado altamente competitivo e diversificado. O profissional deve estar preparado para esse cenário e para liderar sua equipe pelos caminhos do mercado internacional.

Lidando com negócios internacionais: desafios

Superar os seguintes desafios requer uma abordagem adaptativa e proativa, além de uma compreensão profunda dos mercados em que a empresa atua ou vai atuar:

- Diferenças culturais: cada país tem seus próprios costumes, valores e práticas de negócios. Adaptar-se a essas diferenças é crucial para evitar mal-entendidos e facilitar a colaboração.
- Leis locais: cada lugar tem suas próprias regras e regulamentações. Navegar por essa burocracia pode ser complicado e demorado, mas é necessário para operar legalmente.
- Flutuações cambiais: trabalhar com diferentes moedas e suas variações pode impactar muito os lucros e custos de uma empresa.
- Variações de mercado: as preferências dos consumidores, a concorrência e as tendências de mercado variam de país para país. Estratégias que funcionam em um lugar podem não ter o mesmo resultado em outro.
- Comunicação: as barreiras linguísticas e culturais podem dificultar a comunicação eficaz entre as equipes.
- Logística: coordenar a cadeia de suprimentos e distribuição em várias regiões pode ser desafiador, especialmente quanto a prazos e custos.
- Segurança jurídica: alguns países têm sistemas jurídicos instáveis ou complexos que podem criar incertezas e riscos para os negócios.
- Fusos horários diferentes: coordenar operações e comunicações entre equipes em diferentes fusos horários pode ser complicado e afetar a produtividade.
- Integração tecnológica: integrar diferentes sistemas de tecnologia entre várias regiões pode ser complexo e caro.
- Políticas governamentais: mudanças nas políticas e regulamentações governamentais podem afetar as operações e o planejamento estratégico de uma empresa.
- Gestão de talentos: encontrar e reter talentos qualificados em diferentes regiões pode ser desafiador devido às diferentes expectativas e mercados de trabalho.
- Estrutura de preços: determinar a estrutura de preços adequada para diferentes mercados pode ser complicado devido às variações econômicas e competitivas.

☛ Arrematando as ideias

Neste capítulo, verificamos a importância da gestão de pessoas no processo internacional. Sequencialmente aos capítulos 1 (Negócios internacionais) e 2 (Preparando a atuação estratégica para o mercado internacional), observamos que, além do conhecimento, do planejamento, das estratégias e de uma diversidade de informações, a formação e capacitação de pessoas é essencial para o sucesso da organização no mercado global. Investir, apostar e reter talentos faz a diferença entre empresas que almejam disputar o mercado externo. A gestão de pessoas tornou-se um diferencial, agregando valores ao produto ou ao serviço a ser comercializado internacionalmente.

4 Marketing em negócios internacionais

Inovação & Tecnologia

Start-ups brasileiras faturam mais de R$ 9 milhões após participarem de missões de internacionalização

Como utilizar as ações de marketing para potencializar a geração de negócios no Brasil e no comércio exterior?

No mundo globalizado de hoje, o marketing tornou-se uma ferramenta essencial para empresas que buscam expandir suas operações para os mercados internacionais. Portanto, o entendimento das características, do grau de competição e do comportamento desses mercados é um aspecto fundamental para qualquer organização que queira competir internacionalmente. O objetivo deste capítulo é apresentar uma visão abrangente sobre os princípios e as práticas do marketing em um contexto internacional.

Ao explorar os fundamentos do marketing internacional, vamos abordar alguns elementos que podem ser adaptados pelas empresas em suas estratégias para atender às necessidades e preferências dos consumidores em diferentes mercados pelo mundo, considerando os eventuais desafios e oportunidades que surgem para as empresas que buscam operar em mercados estrangeiros.

Dentre os desafios, podemos citar:

» **Barreiras linguísticas e culturais:** compreender e respeitar as diferenças linguísticas e culturais é essencial para criar campanhas eficazes que ressoem com o público-alvo em cada mercado escolhido para atuar;

- **Adaptação às preferências locais:** as empresas precisam ajustar seus produtos, mensagens e estratégias de marketing para atender às preferências e necessidades dos consumidores locais;
- **Regulamentações e conformidade:** cada país possui suas próprias leis e regulamentações que afetam o marketing e a publicidade, e é crucial aderir a essas normas para evitar problemas legais e construir uma reputação sólida;
- **Gestão de recursos e orçamentos:** operar em múltiplos mercados pode ser caro e complexo. As empresas devem gerenciar seus recursos e orçamentos de forma eficaz para garantir o sucesso das campanhas internacionais;
- **Pesquisa de mercado global:** realizar uma pesquisa de mercado abrangente é importante para entender os fatores culturais, econômicos, políticos e sociais que influenciam o comportamento do consumidor em diferentes países.

Esses desafios exigem uma abordagem estratégica e adaptável para que as empresas possam navegar com sucesso nesse dinâmico e diversificado mundo do marketing internacional. É nesse contexto que vamos seguir no decorrer deste capítulo.

Fundamentos e princípios de marketing

O marketing é essencial para qualquer empresa que deseja ter êxito, inclusive em ambiente global. Faz parte do objetivo das ações de marketing estudar e entender os resultados que o mercado apresenta, e então utilizar esse conjunto de informações para orientar as ações da empresa em relação às estratégias de concepção de produtos e soluções para os consumidores desse mercado. A compreensão do mercado consumidor faz parte dos alicerces de qualquer estratégia de marketing bem-sucedida e envolve a coleta e análise de dados para identificar quem são os consumidores, quais são suas necessidades e desejos, além de auxiliar no entendimento do processo de tomada de decisão desses consumidores.

Considerando o contexto do mercado internacional, essa tarefa torna-se ainda mais complexa devido às variações culturais, econômicas e sociais entre os mercados. Partindo de uma visão mais objetiva, destacamos a seguir alguns aspectos importantes para o entendimento dos fundamentos que envolvem o marketing:

- » **Pesquisa de mercado:** crucial para obter insights sobre o comportamento do consumidor. Métodos como pesquisas, entrevistas, grupos focais e análise de dados secundários podem ajudar as empresas a entender melhor o seu público-alvo. Em mercados internacionais, é importante adaptar essas metodologias para respeitar as diferenças culturais e garantir a precisão dos dados coletados.
- » **Segmentação:** envolve dividir o mercado em grupos menores de consumidores com características e necessidades semelhantes. Essa divisão em segmentos pode ser baseada em critérios demográficos, geográficos, psicográficos ou comportamentais. Por exemplo, uma empresa pode segmentar o mercado por idade, renda, localização geográfica ou estilo de vida. Vale lembrar que quanto mais desses critérios forem utilizados para segmentar o mercado, mais a empresa observará um nicho de mercado específico. Após dividir e identificar os segmentos, é preciso decidir a quais deles atender. Portanto, a segmentação de mercado também envolve a seleção dos grupos mais atraentes para que a empresa

consiga determinar como deverá ser a concentração dos esforços de marketing, considerando ainda que a escolha dos segmentos-alvo deve levar em conta fatores como o tamanho do segmento, o potencial de crescimento e a competitividade.

» **Posicionamento:** é a maneira como a empresa deseja que seu produto seja percebido pelos consumidores, inclusive em relação aos concorrentes. Isso envolve a criação de uma proposta de valor clara e diferenciada que se conecte com o público-alvo. O posicionamento eficaz ajuda a estabelecer uma imagem forte e consistente na mente dos consumidores.

» **Mix de marketing (4 Ps):** também conhecido como os 4 Ps, é composto por produto, preço, praça (distribuição) e promoção. Cada um desses elementos deve ser cuidadosamente planejado e ajustado para atender às necessidades do mercado internacional.

- O produto é a solução que a empresa oferece ao mercado, aquilo que se pretende vender para o público-alvo. No marketing internacional, é essencial adaptar os produtos para atender às preferências e necessidades dos consumidores locais. Isso pode incluir modificações no design, nas funcionalidades, na embalagem ou outros aspectos que se façam necessários.
- O preço é o valor que os consumidores pagam pelo produto. A estratégia de precificação deve considerar fatores como o poder de compra dos consumidores (e o quanto se predispõem a pagar por determinado produto), os preços praticados pelos concorrentes (aqueles que vão competir no mesmo mercado de atuação), além dos custos de produção e distribuição. Em mercados internacionais, a empresa também deve levar em conta as taxas de câmbio e as políticas fiscais locais.
- A praça refere-se aos canais de distribuição utilizados para levar o produto até os consumidores. A escolha dos canais de distribuição deve garantir que o produto esteja disponível nos lugares certos, em que os consumidores possam comprá-lo facilmente. Em mercados internacionais, isso pode envolver a colaboração com distribuidores locais ou a criação de uma rede de distribuição própria.

- A promoção engloba todas as atividades de comunicação utilizadas para informar, persuadir e lembrar os consumidores sobre o produto. As estratégias de promoção devem ser culturalmente sensíveis e eficazes para alcançar e engajar o público-alvo. Isso pode incluir publicidade, promoções de vendas, relações públicas e marketing digital.

Ao atuar no mercado internacional, as empresas devem estar preparadas para adaptar suas estratégias de marketing às condições locais, levando em consideração as diferenças culturais, econômicas e legais, o que pode envolver a modificação de produtos, estratégias de preços, canais de distribuição e estratégias de promoção ou até mesmo posicionamento para atender às necessidades específicas de cada mercado. Isso pode incluir a personalização de mensagens publicitárias, a introdução de novos sabores ou a adaptação de embalagens para atender às preferências locais, por exemplo.

Análise ambiental: criação de cenários para a leitura do ambiente mercadológico

Para identificar e mapear as oportunidades de negócio, é necessário realizar uma leitura consistente do ambiente que permeia a empresa. A análise ambiental é essencial para qualquer empreendedor que deseje entender o ambiente mercadológico. Uma boa leitura desse ambiente favorece a criação de cenários, o que pode ajudar os empreendedores numa tomada de decisão mais assertiva, além de obter um desenho consistente da estratégia.

Toda empresa é rodeada de elementos que podem influenciar seus resultados e objetivos, sua forma de atuação nos mercados, sua capacidade de atender aos clientes, além de muitos outros fatores que podem ser considerados nesse contexto. A reunião de todos esses elementos que podem influenciar a atuação da empresa (ajudando ou atrapalhando), juntamente com outros atores que acabam se relacionando de alguma maneira (concorrentes, clientes, fornecedores) forma o ambiente mercadológico.

Desse modo, podemos entender que o ambiente mercadológico é composto por diversos fatores que influenciam o desempenho de uma empresa. Esses fatores podem ser divididos em:

- **Macroambiente:** envolvem aspectos mais ligados ao ambiente externo. São variáveis que a empresa não tem como controlar, o que inclui fatores econômicos, políticos, legais, tecnológicos, sociais e culturais que afetam todas as empresas de um setor. Por exemplo, mudanças nas políticas econômicas de um país podem impactar a demanda por produtos e serviços. A análise contínua do macroambiente permite que a empresa se adapte rapidamente às mudanças econômicas, tecnológicas e regulatórias, mantendo-se competitiva e relevante.
- **Microambiente:** envolvem aspectos ligados às variáveis sobre as quais a empresa possui maior controle. Refere-se aos fatores mais próximos, como produtos produzidos e oferecidos, clientes, concorrentes, fornecedores e intermediários. A análise do microambiente permite que a empresa desenvolva estratégias competitivas eficazes. Por exemplo, se um concorrente está investindo fortemente em marketing digital, a empresa pode fortalecer sua presença on-line para competir de forma mais eficaz.

A análise do ambiente possibilita fazer uma leitura do mercado e obter elementos para a criação de cenários, o que ajuda os empreendedores a visualizar futuros possíveis e a preparar estratégias para cada um deles. Isso pode envolver a identificação de tendências e incertezas no ambiente mercadológico e a construção de narrativas sobre como esses fatores podem evoluir. Veja a seguir uma sugestão para a criação de cenários utilizando a observação do ambiente mercadológico:

- Identificação de fatores-chave: fazer uma lista dos fatores que podem impactar significativamente o negócio de uma empresa é fundamental para que se conheça as variáveis que afetam os objetivos do negócio e como se dá esse impacto. Isso pode incluir mudanças econômicas, avanços tecnológicos, novas regulamentações, entre outros fatores. Por exemplo, a adoção de novas tecnologias de inteligência artificial pode transformar a maneira como os produtos são fabricados e comercializados.
- Análise de tendências e incertezas: entre os diversos fatores que podem impactar a empresa e o mercado, deve-se avaliar quais poderiam se confirmar como tendências, ou seja, mudanças consideradas previsíveis. Da mesma forma, deve-se avaliar quais são as incertezas, ou mudanças consideradas imprevisíveis. Por exemplo, o crescimento da digitalização é uma tendência global, enquanto mudanças nas políticas comerciais entre os diversos países e blocos econômicos são incertezas.
- Desenvolvimento de cenários: por meio da combinação entre as tendências e as incertezas observadas, diferentes cenários podem ser criados. O desenvolvimento de cada um trará uma narrativa relativamente detalhada de um futuro possível. Por exemplo, um cenário pode descrever um mercado altamente regulado, enquanto outro pode imaginar um ambiente de rápida inovação tecnológica.
- Avaliação de impacto: a partir do desenvolvimento de cenários possíveis, a empresa analisa como cada um poderia afetar os seus objetivos em relação ao negócio e consegue entender quais oportunidades e ameaças surgiriam em cada caso, ajudando a identificar as áreas que demandam melhor preparo. Assim, é possível considerar a inclusão de planos de contingência, investimentos em novas tecnologias ou ajustes nas operações logísticas, por exemplo.

Com tudo isso, podemos observar que, ao entender melhor o ambiente mercadológico, os empreendedores conseguem identificar com mais assertividade as oportunidades de negócio. Ao analisar as tendências e necessidades dos consumidores, as empresas podem identificar nichos de mercado pouco explorados e desenvolver produtos ou serviços específicos para esses segmentos. Por exemplo, a crescente demanda por produtos sustentáveis representa uma oportunidade para empreendimentos que oferecem soluções ecológicas.

Estruturação do modelo de negócio

Qualquer empreendedor que deseje transformar uma ideia em algo lucrativo e sustentável precisa de um modelo de negócio muito bem estruturado. Todo produto ou serviço criado para atender a um determinado mercado precisa gerar valor, ou seja, suscitar no cliente uma percepção interessante em relação à qualidade. Assim, a empresa precisa encontrar a melhor forma de fazer essa experiência ser o mais interessante possível, ou seja, fazer com que essa criação de valor chegue com consistência até o cliente. Além disso, todo negócio precisa gerar retorno para a empresa, seja financeiro ou em recursos para continuar alimentando a sua atuação, doações, entre outros.

Nesse contexto, podemos entender que um modelo de negócios descreve como uma organização cria, entrega e captura valor, considerando o produto que se está oferecendo, o perfil e as características do consumidor, além das particularidades observadas no mercado. Abrange todos os aspectos da operação de uma empresa, desde a proposta de valor até a estrutura de custos e as fontes de receita. Dessa forma, possibilita o planejamento mais eficiente em relação à atuação no mercado internacional.

Um modelo de negócio pode ser dividido em vários componentes-chaves que juntos formam a base para a operação da empresa. Veja a seguir alguns questionamentos que podem auxiliar na estruturação de um modelo de negócios.

Qual é a proposta de valor que a empresa cria e oferece para o mercado?

Podemos entender proposta de valor como aquilo que a empresa oferece para o mercado. Toda empresa propõe uma solução que tem como objetivo ajudar o cliente a resolver um desafio ou aproveitar uma oportunidade. Essa proposta de valor é o coração do modelo de negócio; ela define o que a empresa disponibiliza aos seus clientes e o motivo pelo qual eles devem escolher seus produtos ou serviços em vez dos concorrentes, portanto, deve ser clara, diferenciada e relevante.

Para criar uma proposta de valor interessante para o cliente, é necessário ter conhecimento consistente a respeito do mercado. Vimos anteriormente que entender as necessidades dos consumidores, bem como seu comportamento e processo de decisão de compra, fornece os elementos que a empresa precisa para fazer uma leitura correta desse mercado.

Ao descrever o valor que cria para o mercado, uma empresa pode dizer que oferece produtos tecnológicos sustentáveis que ajudam os consumidores a reduzirem seu impacto ambiental sem comprometer a qualidade ou a funcionalidade, por exemplo.

Como a empresa entrega valor para o cliente?

Segmentos de clientes são os diferentes grupos de pessoas ou organizações aos quais a empresa pretende atender. Cada segmento pode ter necessidades e características distintas, e a empresa deve adaptar suas estratégias para atendê-los de maneira eficaz.

A forma como a empresa se estrutura envolve uma estratégia para fazer os produtos chegarem até os clientes. Os canais de distribuição são os meios pelos quais a empresa entrega seus produtos ou serviços. Isso pode incluir lojas físicas, e-commerce, distribuidores, entre outros. A escolha dos canais de distribuição deve garantir que os produtos estejam acessíveis aos clientes de maneira conveniente e eficiente. Para entregar valor aos clientes, a empresa pode utilizar uma combinação de e-commerce, lojas físicas especializadas em produtos sustentáveis e parcerias com distribuidores locais, por exemplo.

O que a empresa faz para capturar valor? Como ela obtém retorno daquilo que oferece aos seus clientes?

A forma como a empresa captura valor tem relação com suas fontes de receita, que descrevem como a empresa gera dinheiro a partir de cada segmento de clientes. Isso pode incluir vendas diretas, assinaturas, licenciamento, entre outros. A empresa deve identificar as fontes de receita mais viáveis e lucrativas para seu modelo de negócio: por exemplo, gerar receita por meio da venda de produtos ou assinaturas de serviços de manutenção e licenciamento de suas tecnologias sustentáveis para outras empresas.

Ao entender e definir os componentes essenciais do modelo de negócio, os empreendedores podem desenvolver estratégias eficazes, identificar oportunidades e gerenciar riscos de maneira mais eficiente, além da possibilidade de amadurecer e adaptar ainda mais a ideia de negócio criando modelos mais robustos e prontos para enfrentar os desafios e aproveitar as oportunidades de crescimento.

Estruturando a estratégia de vendas

Compreendemos que um modelo de negócio envolve a criação, entrega e captura de valor, ou seja, uma empresa cria um produto relevante e valoroso, o entrega para o cliente e recebe o retorno. Nesse contexto, podemos considerar que um modelo de negócio interessante deve envolver uma boa estratégia de vendas.

A estratégia de vendas é um conjunto de processos e ações planejadas para encontrar e conquistar clientes, gerar mais vendas e aumentar a receita do negócio. Uma estratégia de vendas eficaz deve incluir os seguintes componentes:

» Definição de objetivos: para uma estratégia de vendas bem-sucedida é importante estabelecer objetivos que sejam bem definidos, que possam ser acompanhados e medidos, além de serem relevantes e alinhados ao modelo de negócio. Dessa forma, é coerente que a empresa defina objetivos de curto, médio e longo prazo. Por exemplo, aumentar as vendas em 20% no próximo trimestre, expandir para um novo mercado no próximo ano e se tornar líder de mercado em cinco anos.

- Análise do mercado: ter uma boa leitura do mercado é crucial para identificar as oportunidades e os pontos de ameaça. Isso inclui a análise de tendências, concorrentes, clientes e fatores econômicos. Realizar uma boa pesquisa de mercado pode auxiliar os empreendedores com elementos importantes para a estratégias de vendas.
- Desenvolvimento do perfil dos clientes: identificar e entender qual é o perfil dos clientes é essencial para direcionar os esforços de vendas de maneira eficaz. Os empreendedores podem utilizar ferramentas para segmentação de mercado e dados demográficos e comportamentais, entre outros, para mapear e definir perfis específicos de público, além de entender as necessidades e o comportamento de compra de determinado público.
- Criação da oferta de produtos: para vender um produto, a empresa precisa oferecê-lo. Portanto, o empreendedor deve desenvolver uma oferta de produtos que atenda às necessidades dos clientes e se destaque da concorrência, visto que esses clientes vão receber inúmeras outras ofertas de outras empresas que também brigam pela atenção deles. Uma boa oferta deve incluir a definição do mix de produtos, preços e estratégias de promoção, considerando que tudo isso deve ser comunicado de maneira consistente para o cliente.
- Planejamento de ações e estratégias: para alcançar o que é proposto em um planejamento, é necessário criar um cronograma de atividades, ou seja, é importante o desenvolvimento e acompanhamento de um plano de ação detalhado que inclua metas específicas, prazos e responsabilidades.
- Desenvolvimento da equipe de vendas: construir e manter uma equipe de vendas eficaz pode garantir o sucesso da estratégia de vendas. Isso inclui a contratação de vendedores que tenham o perfil

adequado para o negócio, treinamento contínuo para o desenvolvimento de habilidades e a criação de um sistema de incentivos e recompensas para motivar a equipe e aumentar a produtividade.

» **Acompanhamento de resultados:** monitorar e avaliar os resultados das ações de vendas é fundamental para ajustar a estratégia e garantir o sucesso a longo prazo. Isso inclui a definição de métricas claras de desempenho e a realização de ajustes na estratégia conforme necessário.

Estruturar uma estratégia de vendas eficaz pode parecer um processo complexo, no entanto, isso pode ser feito pelo alinhamento de princípios simples, como a definição de objetivos claros, a análise do mercado, o desenvolvimento de um plano de ação detalhado e o acompanhamento dos resultados. Dessa forma, os empreendedores podem criar estratégias de vendas robustas e adaptáveis, prontas para alcançar o sucesso no mercado.

Negociação: principais aspectos

Podemos considerar a negociação como um processo em que duas ou mais partes buscam chegar a um acordo sobre um interesse em comum ou complementar. Esse processo envolve comunicação, persuasão e a busca por soluções que atendam aos interesses de todos os envolvidos.

Existem diferentes tipos de negociação, cada qual com suas características e abordagens específicas. Uma negociação mais voltada para a competição envolve a divisão de recursos entre as partes. Nesse caso, o ganho de uma parte é obtido às custas da outra. Isso pode ser visto com frequência em transações comerciais, como a compra e venda de produtos, onde as partes buscam maximizar seus próprios benefícios. Como exemplo, podemos imaginar um comprador que busca um carro usado e negocia com o vendedor para obter o menor preço possível. O vendedor, por sua vez, quer vender o carro pelo maior valor possível. Após várias rodadas de negociação, eles chegam a um acordo em que o comprador paga um preço que está dentro de seu orçamento e que é aceitável para o vendedor.

Outro tipo de negociação, mais voltado para a colaboração, busca encontrar soluções que beneficiem todas as partes envolvidas. O foco está em gerar satisfação coletiva, em vez de cada um competir por uma fatia do bolo. Os negociadores procuram identificar interesses em comum e criar um acordo que traga benefícios mútuos. Por exemplo: a empresa A, que fabrica produtos tecnológicos, e a empresa B, que distribui produtos sustentáveis, decidem formar uma parceria. Durante a negociação, identificam que podem se beneficiar mutuamente ao combinar seus pontos fortes, pois a empresa A fornece produtos inovadores, enquanto a empresa B tem uma rede de distribuição eficiente. O acordo final permite que ambas aumentem suas receitas e alcancem novos mercados.

Também pode ocorrer negociação compulsória, quando as partes não têm escolha a não ser negociar, como em disputas legais ou trabalhistas. Um mediador ou juiz, por exemplo, muitas vezes facilita o processo, ajudando as partes a chegarem a um acordo. Esse tipo de negociação é regido por regras e regulamentos e as partes frequentemente têm menos controle sobre o resultado. Podemos imaginar, por exemplo, um desacordo entre um sindicato e a administração de uma empresa, sobre os termos de um novo contrato de trabalho. Como não conseguem chegar a um acordo, um mediador é chamado para ajudar nas negociações e após várias sessões de mediação, ambas as partes concordam com um novo contrato que inclui aumentos salariais e melhores condições de trabalho.

O processo de negociação pode ser dividido em várias etapas, cada uma delas desempenhando um papel importante para se alcançar um acordo aceitável:

1. **Preparação:** é a fase inicial e mais importante da negociação. Envolve a coleta de informações, a análise dos interesses das partes e a definição de metas. Uma preparação adequada estabelece as bases para uma abordagem estratégica. Uma pesquisa sobre fornecedores, a análise dos preços praticados no mercado e a definição de metas podem trazer para a empresa um conjunto de elementos importantes para essa fase.
2. **Abertura:** é a fase em que as partes se encontram e começam a discutir os termos da negociação. É importante estabelecer um clima

de confiança e cooperação desde o início. Por exemplo, na primeira reunião entre uma empresa e um cliente potencial, ambas as partes se apresentam e discutem suas expectativas. Ou seja, é feita uma explicação sobre a solução ou o produto ofertado, o cliente compartilha suas necessidades específicas e então concordam em seguir um formato de reunião estruturado para garantir que todas as questões sejam abordadas.

3. Exploração: etapa em que as partes discutem detalhadamente os interesses e as opções disponíveis. É o momento de identificar áreas de acordo e possíveis soluções. Em uma negociação envolvendo um contrato de aluguel, por exemplo, o inquilino pode expressar a necessidade de um aluguel mais baixo devido a reformas necessárias no espaço, enquanto o proprietário está disposto a oferecer um desconto em troca de um contrato de longo prazo. Nesse caso, exploram diferentes opções para encontrar um acordo que beneficie a todos.
4. Barganha: é a fase em que as partes negociam os termos específicos do acordo. Envolve concessões mútuas e a busca por um equilíbrio entre os interesses das partes. Imagine uma vaga de emprego em que o candidato e o empregador discutem o pacote de remuneração. O candidato pede um salário mais alto e benefícios adicionais, enquanto o empregador oferece um salário base com um bônus de desempenho. Após várias rodadas de negociação, chegam a um acordo que inclui um salário base competitivo e um bônus anual.
5. Fechamento: é a fase final da negociação, onde as partes chegam a um acordo e formalizam os termos. É importante garantir que todos os detalhes sejam claros e que ambas as partes estejam satisfeitas com o resultado.

A negociação requer o desenvolvimento de algumas habilidades. Existem várias técnicas que podem ajudar a melhorar a eficácia da negociação. A escuta ativa possibilita ouvir atentamente a outra parte para entender suas necessidades e preocupações, assim como a empatia possibilita demonstrar compreensão e consideração pelos interesses do outro.

Investir tempo na preparação para estar bem-informado e confiante durante a negociação aumenta a possibilidade de sucesso, da mesma maneira que estar disposto a fazer concessões e ajustar a abordagem conforme seja necessário, além de se comunicar com clareza e assertividade, pode evitar mal-entendidos ou superar impasses a fim de encontrar soluções mutuamente benéficas.

A negociação é uma habilidade complexa que envolve preparação, comunicação e estratégia. Ao entender os diferentes tipos de negociação, as etapas do processo e as técnicas eficazes, os empreendedores podem melhorar suas habilidades e alcançar resultados vantajosos em suas interações comerciais. Os exemplos práticos fornecidos ilustram como esses conceitos podem ser aplicados em situações reais, ajudando a tornar a teoria mais tangível e aplicável.

O impacto da cultura em novos negócios pelo mundo

Compreender e respeitar as diferenças culturais pode ser a chave para construir relacionamentos sólidos, adaptar produtos e serviços e criar estratégias de marketing eficazes. A cultura é um conjunto de valores, crenças, tradições, costumes, língua e comportamentos compartilhados por um grupo de pessoas. Cada país ou região tem sua própria cultura distinta, que acaba por influenciar também a maneira como os negócios são conduzidos. A cultura afeta a comunicação, a tomada de decisões, as práticas de negociação e as expectativas dos consumidores. Desse modo, compreender a cultura é essencial para o sucesso em mercados internacionais.

Entre os vários aspectos dos negócios, a comunicação é uma das áreas mais afetadas pelos costumes locais: em algumas culturas, a comunicação direta e assertiva é valorizada; já em outras, as pessoas preferem a comunicação indireta e sutil. A falta de compreensão dessas diferenças pode levar a mal-entendidos e conflitos. Em países como os Estados Unidos e a Alemanha, a comunicação direta é comum e esperada. No entanto, em países como o Japão e a China, a comunicação indireta é mais valorizada.

Nesse sentido, uma empresa americana que deseja fazer negócios no Japão deve adaptar sua abordagem de comunicação para ser mais sutil e respeitosa.

As práticas de negociação variam amplamente entre as culturas. Em algumas, a negociação é vista como um processo competitivo, enquanto em outras, é uma oportunidade para construir relacionamentos de longo prazo. Nos Estados Unidos, por exemplo, a negociação tende a ser competitiva, com foco em alcançar o melhor acordo possível. De maneira diferente, em países como o Brasil e a Índia, a construção de relacionamentos é fundamental, e as negociações são mais colaborativas. Uma empresa americana que negocia com parceiros brasileiros deve investir tempo em construir confiança e relacionamentos antes de discutir os termos do acordo.

A cultura também afeta a maneira como as decisões são tomadas dentro das organizações. Em algumas, a tomada de decisões é centralizada e feita por líderes; em outras, é mais participativa. Se considerarmos países como a França e a Rússia, as decisões tendem a ser centralizadas, com líderes tendo a palavra final. Em contraste, em países como a Suécia e os Países Baixos, a tomada de decisão é mais participativa, envolvendo a equipe em discussões e consenso. Uma empresa que opera em múltiplos mercados deve adaptar seu estilo de liderança para se alinhar às expectativas culturais locais.

O impacto da cultura em novos negócios pelo mundo é profundo e multifacetado. Compreender e respeitar as diferenças culturais é essencial para o sucesso em mercados internacionais. Ao adaptar produtos, serviços e estratégias de marketing para alinhar-se às preferências culturais locais, as empresas podem construir relacionamentos sólidos, aumentar a aceitação do mercado e garantir um crescimento sustentável.

Arrematando as ideias

O objetivo deste capítulo foi apresentar aspectos básicos para demonstrar formas de utilizar ações de marketing para potencializar a geração de negócios no Brasil e no comércio internacional. Nesse contexto, tratamos da leitura do ambiente mercadológico para analisar tendências e traçar cenários, além de identificar oportunidades de negócios. Vimos que, ao analisar o ambiente, as empresas devem estar preparadas para adaptar suas estratégias de marketing às condições locais identificadas.

Além das adaptações para atender às necessidades específicas de cada mercado – o que pode envolver modificação de produtos, canais de distribuição, estratégias de preços e de promoção ou até mesmo posicionamento –, tratamos da importância de determinar o modelo de negócios. Definida a forma pela qual a empresa cria, entrega e captura valor, os empreendedores podem traçar estratégias de vendas para alcançar os objetivos definidos pela empresa.

Por fim, tratamos dos principais aspectos que envolvem o processo de negociação, além dos impactos da cultura em novos negócios pelo mundo. Refletimos sobre o papel do marketing como uma ferramenta para a leitura do mercado, o entendimento de cenários e como subsídio para adaptar produtos e serviços e criar estratégias eficazes.

5

A sistemática de vendas internacionais: exportação

Economia

Desvalorização de commodities faz superávit comercial recuar em agosto

Saldo positivo caiu 49,9% e somou US$ 4,828 bilhões

Exportação: visão geral

Quais são os principais produtos exportados pelo Brasil? Como poderíamos crescer em exportações? Esta manchete cita o termo commodities, que são os bens primários ou a matéria-prima para a produção de outros produtos. A balança comercial é o registro de todas as exportações (vendas) realizada por um país, menos as importações (compras). Quando um país exporta mais do que importa, o resultado será de superávit (mais entrada do que saída de divisas, moedas estrangeiras) em sua balança. Ao contrário, quando há déficit, significa que o Brasil importou mais do que exportou e, consequentemente, a saída de divisas será maior. Historicamente, temos como composição em nossa balança comercial a exportação de commodities. Os itens que mais exportamos, segundo o Ministério do Desenvolvimento, Indústria e Comércio (MDIC), são: agropecuária (soja e café); indústria extrativa (óleos brutos de petróleo); e indústria da transformação (açúcares). Em contrapartida, os produtos que mais importamos são: óleos de petróleo refinado; químicos (fertilizantes para o agro); e maquinário.

Como visão geral das exportações, o Brasil é reconhecido como "celeiro do mundo". Segundo o Ministério da Agricultura e Pecuária, o agronegócio representa 47,8% das vendas externas totais do Brasil, liderando a exportação mundial de soja, milho, café, açúcar, suco de laranja, carne bovina e de frango. Esses resultados mostram a importância do agronegócio e das riquezas naturais para a economia brasileira. Para os empreendedores que desejam expandir negócios pelo mundo, apesar desses resultados, convidamos à análise sobre as oscilações de preços que as commodities sofrem devido à economia global, impactos climáticos, conflitos, transições tecnológicas, variações de moedas, entre outros. Como poderíamos crescer em termos de exportações? Uma opção seria investir em uma economia diversificada, com oferta de produtos com maior transformação, o que tende a gerar maior valor agregado aos produtos. Outro importante investimento é a ciência; as pesquisas estimulam a inovação, que leva ao desenvolvimento de novas tecnologias. À medida que temos acesso às tecnologias, inovações e à educação de qualidade, aumentamos a nossa produtividade.

Perfil do profissional de vendas em comércio exterior

Ao pensar em vendas, um estereótipo lembrado é o de um vendedor insistente, que chega a ser irritante de tão simpático, disposto a qualquer negociação para bater a meta do mês. No Brasil, muitos podem dizer que não têm o perfil de vendedor, que não nasceram para vender ou que não teriam paciência para lidar com o público ou tentar agradar a gostos pessoais o tempo todo.

Há um engano em acreditar que vender seja apenas uma profissão. Todos somos vendedores o tempo todo; à nossa volta, tudo envolve negociação. Estamos sempre buscando entender às necessidades físicas ou emocionais daqueles que nos cercam. A venda, em sua essência, é a arte de compreender e oferecer soluções. É isso que nos diferencia dos outros seres vivos, nossa humanidade está em compreender o próximo.

Quando aplicadas a negócios, as vendas buscam entender qual é a demanda para propor ofertas, isto é, oferecer, disponibilizar algo. No marketing, precisamos entender não somente as necessidades, pois o ser humano tem desejos que por vezes são desconhecidos, e as vendas estão conectadas a inovação, pioneirismo, proposta de alternativas e busca de resolução para o dia a dia. Pensando bem, todas as profissões e até mesmo o nosso cotidiano exigem isso, não é mesmo?

Qual é o perfil do vendedor? Algumas características que se destacam: ter excelente comunicação, poder de persuasão, persistência, disposição, saber receber negativas, mas persistir no êxito da negociação, lidar com a imprevisibilidade e a ambição para ganhar mais dinheiro. No ambiente da internet, os vendedores também podem receber o título de influenciadores, que são pessoas que encantam com o seu estilo de vida e recomendam produtos que trazem um sentimento de pertencimento ou de merecimento.

Nos negócios, o papel do vendedor se mistura ao do empreendedor na busca de entender a "dor" do seu cliente e de oferecer a "cura". Em empreendedorismo, utiliza-se muito a pergunta: "qual é a dor do seu cliente?" para buscar um diagnóstico e propor uma solução. No comércio exterior, o vendedor é denominado exportador, aquele que vende bens/serviços para outros países. A esse profissional caberá todas as habilidades descritas anteriormente para o perfil do vendedor, além de exigir o desenvolvimento de muitas outras habilidades.

Vender no comércio exterior exige que o profissional compreenda as características técnicas de seu produto. No mercado brasileiro também existe essa necessidade; porém, quando falamos de itens de desejo, os clientes não necessariamente estão buscando performance técnica. O desejo pode ser status, o que depende da cultura de cada pessoa. No comércio exterior, o motivo do entendimento primeiro estará na oferta, na proposta comercial. Por exemplo, vender bananas não é simplesmente vender bananas, precisamos compreender qual será o tipo da banana: prata, nanica ou maçã? Assim, nosso cliente no exterior (o importador) poderá comparar, por exemplo, o preço da banana prata com o da banana prata, e não comparar o preço da banana prata com o da pera. Conhecer tecnicamente o produto também será necessário para entender as exigências legais de cada país. Por exemplo, no Brasil, temos exigências do Ministério da Agricultura e Pecuária (MAPA), como o controle fitossanitário e o controle da sigatoka-negra (uma doença fúngica que afeta as bananeiras em todo o mundo) em bananais comerciais.

Na negociação, para compor a proposta, caberá ao profissional analisar os termos técnicos do comércio exterior em outros idiomas. Por mais que existam ferramentas de tradução, investir no aprendizado de idiomas será um diferencial, pois há termos técnicos da área que não podem ser traduzidos literalmente. Além do idioma, estudar a política, a economia e a estabilidade da legislação local auxiliará na compreensão dos riscos na questão de pagamentos internacionais. A transferência de divisas, ou seja, de moedas de um país para outro, precisa da interveniência do Governo (por exemplo, o Banco Central). Algumas economias com integração de blocos econômicos, como a União Europeia, permitem que países membros realizem pagamentos sem a autorização do Banco Central. Assim, também será necessário investir em conhecimento sobre blocos econômicos, que são acordos que buscam facilitar o comércio e a cooperação econômica.

A depender do país e do produto, a negociação poderá exigir a presença física, o que demandará do profissional autonomia para viagens internacionais. No tratamento presencial, além do idioma, é necessário conhecimento sobre a cultura e a etiqueta de negócios. Nas negociações on-line, pode haver a necessidade de videoconferência, o que exigirá habilidades como domínio do idioma, escuta ativa e estratégias de negociação aplicada à cultura do país.

Assim, o perfil do profissional de vendas em comércio exterior tem características diferenciadas. É necessário ter conhecimento técnico aprofundado do produto, estudos sobre legislações e regulamentos políticos, financeiro, cultural, entre outros. Esse profissional não precisa ser o mais expansivo da mesa de negociação; será respeitado se encontrar espaço pelo conhecimento, domínio técnico e atenção em entender e solucionar os problemas do seu cliente.

Aqueles que desejam negociar com outras nações devem investir em conhecimento, inovação, ter curiosidade por aprender e questionar, além de estudar sobre processos e raciocínio lógico para entender o contexto e propor soluções.

Há muito o que explorar! Como um navegante diante de terras inexploradas, busque compreender como crescer frente a tantas oportunidades.

O que é necessário para exportar um produto?

Ao longo do capítulo 2 deste livro, foram abordadas temáticas importantes sobre alinhamento do produto, recursos-chave, processos e equipes. Antes disso, no capítulo 1, que tratou das oportunidades de atuar internacionalmente, uma análise derrubou o mito de que para atuar em negócios internacionais é necessário ter dominado o mercado brasileiro antes. Um exemplo disso são as empresas nativas digitais, ou DNVB (digitally native vertical brands), empresas que nasceram no digital e expandiram suas vendas ao mesmo tempo no Brasil e em outras nações, pois no digital não há limite de territórios, estamos conectados com o mundo todo.

Partindo do pressuposto de que o empreendedor atuou na preparação de seus negócios entendendo seus atributos de valor, o público-alvo e o nível de serviço, ressaltamos também a importância da análise financeira, que abordaremos em detalhes no capítulo 9 deste livro. Para ofertar um produto a outra nação, precisamos identificar uma oportunidade e analisar a viabilidade da exportação. No comércio exterior, há muitas ferramentas de apoio governamental e institucional.

★ **DICA**

Seguem algumas recomendações de ferramentas e instituições de ensino para explorar antes de iniciar um processo de exportação:

- **Agência Brasileira de Promoção de Exportações e Investimentos (APEX):** o site traz estudos e publicações com requisitos de acesso a mercado para diversos produtos.
- **Aprendendo a Exportar – Ministério do Desenvolvimento, Indústria, Comércio e Serviço (MDIC):** na plataforma, há um passo a passo da exportação em nove etapas.
- **Serviço Nacional de Aprendizagem Comercial (Senac):** no site, há cursos livres e técnicos com temas relacionados ao comércio exterior, com rotinas e procedimentos.
- **Serviço Brasileiro de Apoio às Micro e Pequenas Empresas (Sebrae):** no portal, há oportunidades de cursos on-line com procedimentos de exportação para adequar as micro e pequenas empresas às exigências do mercado internacional.

Estruturando uma exportação

Para estruturar uma exportação, uma consulta a livros, especialistas ou até à inteligência artificial pode indicar um passo a passo voltado à gestão com termos técnicos e ferramentas utilizadas no campo da administração, que podem não se adequar à realidade de uma empresa iniciante. O objetivo deste capítulo é apresentar um passo a passo aplicado ao desenvolvimento de negócios, principalmente voltado à criação de novos negócios ou ao desenvolvimento de negócios digitais. A aplicação não se limita ao porte da empresa, e o objetivo é ajudar a compreensão geral dos processos. Assim, de acordo com a cultura e as particularidades de cada empreendimento, pode ser construído um processo personalizado. Para estruturar uma exportação, como ponto de partida, faremos algumas perguntas:

Escolha do negócio

- **Criação de produto:** há demanda específica de um produto para um determinado país? Há falta de produtores ou ofertantes para atender aos países? Há tecnologia ou conhecimento que possa ser exportado?
- **Adaptação de produto:** há necessidade de adaptar um produto já existente? Quais são as certificações ou regulamentações necessárias para atender aos países?
- **Busca de mercado:** quais os países e o tipo de mercado que demandam um produto já existente?
- **Criação de mercado:** quais novos hábitos ou desejos podem ser criados em relação a um produto já existente?

Fornecedores

- **Fabricante:** se a decisão for fabricar, quais são as matérias-primas necessárias? Quem são os fornecedores que atendem à qualidade exigida?
- **Revenda:** se a decisão for revender, quem são os fornecedores que atendem a esse mercado? Como garantir a continuidade do

fornecimento? Qual estratégia pode ser adotada para agregar valor a essa revenda?

» **Serviço:** como os processos serão padronizados? Como será a gestão das pessoas? Como controlar a gestão da qualidade?

Estratégias de distribuição

» **Como as mercadorias serão disponibilizadas para o consumidor final:** atacadistas, varejistas, distribuidores, lojas físicas, on-line ou omnichannel (integração entre lojas físicas e lojas on-line)?

- **B2B (business-to-business):** significa realizar negócios de empresa para empresa, em grandes quantidades ou venda no atacado. Haverá parcerias entre empresas como distribuidores ou varejistas.
- **B2C (business-to-consumer):** significa realizar negócios da empresa direto para o consumidor. As mercadorias serão vendidas em pequenas quantidades e sem intermediários, com lojas físicas próprias ou lojas on-line.

Viabilidade e análise de gastos (custos despesas) na exportação

» **Formação de preço no mercado brasileiro**

- Quais são os preços praticados pela concorrência?
- Qual é o perfil do cliente para precificar?
- Tenho algum diferencial frente à concorrência?
- Quais são os gastos (custos e despesas fixas e variáveis) referentes ao negócio escolhido?
- Qual será o regime tributário escolhido para esse negócio?
- Qual será a carga tributária?
- Qual será a margem de lucro?

» **Formação de preço no mercado internacional**

- Há desoneração tributária para incentivo às exportações? Quais serão os tributos incorridos na produção/compra das mercadorias que poderão ser recuperados?

- É possível realizar algum regime especial como o drawback, que permite a suspensão, isenção ou restituição de tributos sobre insumos importados na produção de bens destinados à exportação?
- Para os rótulos e embalagens, há necessidade de adaptação que incorrerá em gastos adicionais?
- Para normas e certificações, quais serão os gastos adicionais?
- Na logística, qual será a proposta/definição de responsabilidades da entrega da carga? Na proposta, será considerado frete + seguro nacional? Na proposta, será considerado frete + seguro nacional e frete + seguro internacional?

» Outros gastos a serem considerados

- Qual é o valor dos honorários dos despachantes aduaneiros?
- Quais são os gastos e riscos no processo de liberação junto à alfândega?
- Para cumprimento da documentação, haverá investimento em licenças/sistemas ou terceirização desse processo?
- Há gastos no destino que podem influenciar na competitividade da proposta?

Após todas as análises, considere o preço formado no mercado brasileiro e adicione os possíveis gastos para a exportação. Com o preço formado na exportação, investigue qual é o preço final praticado no mercado/países de destino *versus* a proposta brasileira enviada.

Negociação e pagamento

» Negociação

- A cultura permite negociação on-line?
- Será necessário estar presente fisicamente no fechamento do negócio?
- Os aspectos técnicos foram negociados?
- Quais serão os prazos de produção?
- Quais serão os prazos da logística?

- Quais são os possíveis gastos e riscos adicionais do despacho aduaneiro?
- Para o país em negociação, quais são os incoterms praticados nesse mercado?

★ **SAIBA MAIS**

Incoterms são conjuntos de procedimentos aplicados à logística, documentação e despacho aduaneiro que definem quais serão os deveres e direitos na negociação. Desenvolvido pela Câmara Internacional do Comércio (CCI), busca evitar ambiguidades nas negociações internacionais.

» Pagamento

- Qual modalidade de pagamento internacional oferecerá mais segurança ao ser aplicada ao país em negociação?
- Qual é o risco país, ou seja, o indicador financeiro da capacidade que um país terá para honrar pagamentos e transações internacionais?

Suporte ao cliente

» Suporte contínuo

- A proposta enviada está no idioma do cliente internacional?
- O cliente está a par dos prazos de transit time (tempo de trânsito) de toda a operação? Há follow-up (acompanhamento) dos processos de toda a cadeia?
- Qual será o prazo da produção, embalagem, aplicação de rótulos, logística, deadline (prazo para cumprimento) das documentações e prazos nos portos/aeroportos ou fronteiras?
- Qual será a data estimada de chegada no país de destino após realizado o embarque internacional?
- Ocorreu a liberação da mercadoria no destino?
- Na abertura do container, as mercadorias chegaram conforme as condições negociadas?

- O cliente ficou satisfeito com o consumo ou a revenda?
- Há possibilidade de renegociar os próximos pedidos?

Prospecção de clientes globais

As oportunidades de negócios pelo mundo são infinitas. Alguns exportadores podem escolher a prospecção por meio de presença física, participação em feiras ou missões promovidas por entidades que trabalham para conectar as empresas. Para os empreendedores iniciantes, o orçamento para realizar viagens e reuniões presenciais pode ser um desafio, mas a tecnologia promove conectividade na palma de nossas mãos. A presença digital é uma ferramenta obrigatória e acessível.

As empresas que desejam expandir negócios pelo mundo necessitam de uma página na web e redes sociais com um portfólio que demonstre as competências: o conjunto de habilidades e conhecimento da organização, a cultura organizacional dos colaboradores, histórico (timeline) definindo desde a criação até os avanços atuais e a linha de produtos, apresentando o diferencial em relação aos concorrentes.

O estudo de marketing digital é um caminho importante. Há ferramentas digitais acessíveis e gratuitas que ajudarão a criar páginas e conteúdo. Caberá ao empreendedor investir em seu conhecimento e aperfeiçoamento ou, à medida que adquira potencial de investimentos, realizar parcerias e contratações de profissionais com experiência. Todo o portfólio digital, na página e nas redes sociais, deve obrigatoriamente conter os idiomas mais utilizados no mundo dos negócios – geralmente, inglês e espanhol. Para as empresas que tenham potencial de crescimento (por exemplo, no mercado chinês), por mais que seja possível negociar em inglês, será um diferencial utilizar o idioma do país-alvo.

Ferramentas e incentivos para as exportações

Resultado de uma busca no Google Trends, ferramenta gratuita que permite acompanhar a tendência das buscas para medir o interesse por uma determinada palavra-chave. Disponível em: https://trends.google.com/trends/. Acesso em: 18 dez. 2024.

As ferramentas do mundo digital demandam constante atualização e busca por inovação. Aplicativos de pesquisa de mercado podem auxiliar a encontrar clientes potenciais e fechar novos negócios. Um exemplo é o Google Trends, que permite visualizar em um mapa o interesse por determinados temas com base nas buscas feitas no aplicativo.

Após criar uma página para a organização, é necessário investir em estratégias para que ela seja encontrada pelos países-alvo e clientes potenciais. O Google dispõe de ferramentas para fortalecer a presença on-line das empresas e suas marcas. O SEO (search engine optimization ou, em português, otimização para mecanismos de busca) e o SEM (search engine marketing ou, em português, marketing de mecanismos de busca) são exemplos de estratégias gratuitas ou pagas para que os sites com ofertas possam ser conectados às demandas globais. Para indicadores com dados e entendimento sobre os mercados, há sites pagos, como Statista e Euromonitor, que oferecerem estatísticas e relatórios detalhados sobre negócios internacionais.

Desenvolvido pelo poder público, o Comexstat é um sistema oficial para extração das estatísticas do comércio exterior brasileiro que permite consultas para análise das exportações e importações com os preços praticados. Esses dados podem ser utilizados pelo empreendedor como comparativo da concorrência. No site da Apex (Agência Brasileira de Promoção de Exportações e Investimentos), há soluções gratuitas com estatísticas e indicadores, como o Trade Map, que fornece, sob a forma de mapas, tabelas e gráficos, indicadores sobre o desempenho de exportações, a demanda internacional e dados das empresas importadoras e exportadoras. Outro exemplo é o site Exporta Fácil dos Correios, que conta com um passo a passo com instruções de exportação para microempreendedores, artesãos e agricultores.

Para empreendedores com interesse em exportar à União Europeia, o site Access2Markets é um portal com informações sobre tarifas, regras de origem, requisitos dos produtos, aduanas e tributos. Os sites de e-commerce podem também ser uma ferramenta para consulta de preços da concorrência, como o Alibaba, que é uma plataforma B2B on-line.

Empreender e desenvolver negócios pelo mundo demanda busca constante por conhecimentos e ferramentas. O desenvolvimento de novos softwares e dispositivos é uma necessidade latente que pode ser uma oportunidade para novos negócios.

Cases de sucesso de exportações brasileiras

Há muitos exemplos de empresas exportadoras de sucesso. No relatório *Perfil das firmas exportadoras brasileiras – um panorama* (Brasil, 2023b), do Ministério do Desenvolvimento, Indústria, Comércio e Serviços, as empresas que exportam contam com profissionais que investem mais em qualificação e produtividade para se manter competitivas no mercado global. Dados da pesquisa apontam que empresas industriais têm maior probabilidade de começar a exportar, e que quanto maior a empresa, maior a chance de sobreviver no mercado externo.

Respeitando as evidências das pesquisas, mas diante do potencial do empreendedorismo e dos brasileiros, é possível visualizar muitas oportunidades para as micro e pequenas empresas nas exportações. Segundo o

Sebrae, em 2024, as micro e pequenas empresas geraram 80% dos empregos formais no país (Brasil, 2024b).

Existem cases de empresas que começam pequenas, mas que podem se tornar gigantes na criação de novos empregos, na propagação do Brasil como marca de valor agregado, com tecnologia de ponta, profissionais qualificados, exemplo de eficácia, governança e simplificação de processos.

Arrematando as ideias

Este capítulo explorou as oportunidades da exportação. O Brasil é mundialmente conhecido como produtor de commodities. O convite ao entendimento sobre os principais produtos brasileiros exportados tem como objetivo trazer uma reflexão sobre a importância e o reconhecimento do agronegócio, mas também uma análise de como poderíamos crescer em outros segmentos e capturar mais divisas para o país. Como oportunidade de crescimento, analisamos o desenvolvimento da indústria e o fomento a pesquisas, tecnologias, produtividade e educação. Percorremos também o perfil do profissional de vendas em comércio exterior, ressaltando que ele exige o conhecimento das características técnicas das mercadorias, termos técnicos utilizados em negócios internacionais, idiomas, estudos sobre a política, logística, economia, legislação, finanças, tecnologia, entre outros. No assunto seguinte, desmitificamos a ideia de que os negócios precisam primeiramente dominar o seu mercado local para depois expandir pelo mundo. Nessa jornada, pontuamos sobre os negócios digitais que quebraram as barreiras dos limites territoriais. Para estruturar uma exportação, percorremos um passo a passo, como propõe o livro, como um guia prático com perguntas que norteiam o desenvolvimento tanto de novos negócios, como de novos mercados. Em ferramentas e incentivos para as exportações, foram sugeridas ferramentas que podem auxiliar nas análises e na prospecção de clientes globais. No próximo capítulo, abordaremos a sistemática de compras internacionais (importação). Embarque nessa jornada sobre as oportunidades de negócios na visão do comprador.

6 A sistemática de compras internacionais: importação

Importação: visão geral

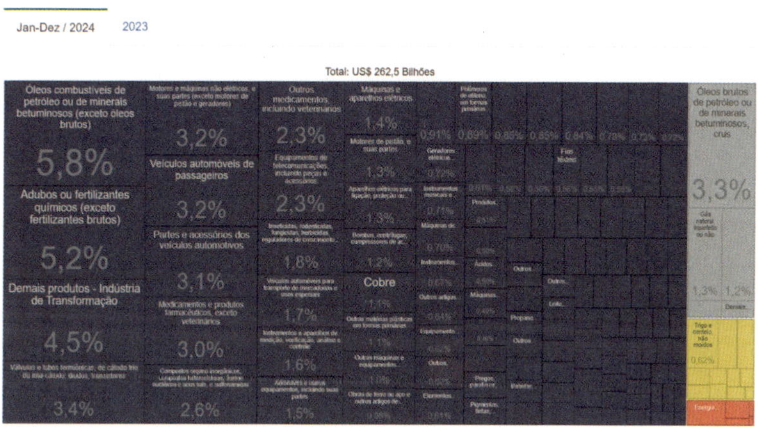

Visão geral dos produtos importados no sistema Comex Stat, do Governo Federal.

Quais são os principais produtos importados pelo Brasil? Desenvolvido pelo Ministério da Indústria, Comércio Exterior e Serviços (MDIC), Comex Stat é o sistema oficial das estatísticas do comércio exterior brasileiro. No capítulo 5 deste livro, identificamos que o Brasil é um grande exportador de commodities. Na importação – que significa comprar produtos (bens e serviços) de outros países –, analisando a visão geral dos produtos importados, identificamos que o Brasil é um grande importador da indústria da transformação.

Segundo dados do Comex Stat, o Brasil tem como principais setores de produtos importados: combustíveis, indústria química (fertilizantes e defensivos agrícolas), indústria automotiva (veículos de passageiros e aeronaves) e indústria farmacêutica, entre outros. A indústria da transformação envolve a conversão de matérias-primas, processos de produção, técnicas, pesquisas e desenvolvimento, gestão da qualidade, mão de obra especializada, maquinários, inovação, marcas, patentes, design e acabamento, ao que será adicionado o valor do serviço de logística e de atendimento ao cliente.

Em relação à economia, os países buscam superávit na balança comercial, ou seja, saldo positivo entre as vendas e compras internacionais. Segundo a Secretaria de Comércio Exterior (Secex), desde 2015 o Brasil tem alcançado resultados positivos, ou seja, superávit em sua balança comercial. Apesar dos resultados superavitários, de maneira simplista, o Brasil exporta produtos base e importa produtos com valor agregado da indústria da transformação.

Quando analisamos a relevância do Brasil em termos de extensão territorial, verificamos que se trata de um gigante sul-americano privilegiado pelas suas riquezas naturais, cujo povo é multicultural, criativo e resiliente perante crises. Diante disso, podemos questionar:

- Nas **exportações**, por que o Brasil não diversifica seus negócios em outros setores?
- Nas **importações**, por que o Brasil não modifica o seu perfil de importador?

As respostas passam por investimentos, apoio governamental com políticas de incentivo e desenvolvimento, infraestrutura para a logística de rodovias, ferrovias, portos, parcerias internacionais e nacionais, incentivo à inovação, pesquisas e ciência por meio das universidades. O convite sobre esse tema é a parceria e a integração entre as iniciativas privada e governamental. Assim, o Brasil, além de alcançar resultados positivos na balança comercial, poderá também desenvolver tecnologias, patentes, pesquisas e know-how (saber fazer).

Como poderíamos diversificar o perfil dos produtos importados pelo Brasil?

Indústria brasileira vai de 9º a 14º lugar entre as maiores do mundo em 15 anos

Com menos força, o valor que adicionam à economia encolheu 1,5% ano após ano, entre 2005 e 2020.

Esta manchete comenta a depreciação das fábricas brasileiras, o fechamento de fábricas multinacionais e a mudança de estratégia dos países a fim de manter fábricas próximas a seus consumidores após a pandemia. Nesse contexto, a falta de relevância da indústria brasileira no cenário global pode levar à dependência das commodities e ao risco da redução de oportunidades na criação de postos de trabalho, além da falta de vagas de trabalho com remunerações mais altas.

No processo industrial, matérias-primas são transformadas em produtos acabados, o que demanda estudos sobre mercado, comportamento do consumidor, planejamento, estratégias e inovação, além de investimento em tecnologia, infraestrutura e a capacitação da mão de obra a fim de gerar aumento de produtividade. Países que possuem economia diversificada e significativa participação da indústria tendem a ter as economias mais fortalecidas e com maior capacidade na geração de oportunidades de empregos.

Diante de crises globais (como a pandemia de covid-19, por exemplo), as empresas ficaram sem alternativa para expandir seus negócios e muitas repensaram sua cadeia de suprimentos. O termo em inglês nearshoring (proximidade) é uma estratégia que os países estão repensando na busca por fornecedores em localidades mais próximas. Nesse sentido, o Brasil pode alcançar novas oportunidades na indústria, mas para isso necessita de mudanças estruturais na carga tributária, na infraestrutura logística, no fomento às pesquisas e desenvolvimento, além do investimento na educação e qualificação profissional.

Perfil do profissional de compras em comércio exterior

Ao pensar em um profissional de compras, podemos imaginar uma pessoa com cartão ilimitado e poder de compras irrestrito. Na prática, esse profissional é o condutor de um processo e faz parte de uma equipe na qual as decisões são tomadas em conjunto. O perfil desse profissional exige uma pessoa negociadora, com capacidade analítica, que busque alcançar ganhos financeiros para os negócios, entenda de cálculos de tributos, gestão de indicadores de qualidade e governança (termo de extrema importância), entre outras competências. Em uma posição de tomada de decisão tão estratégica, o comprador deve ser um profissional que decida com base em processos e diretrizes que não impactem no conflito de interesse (quando o profissional toma uma decisão baseada em valor pessoal, por exemplo, a escolha do fornecedor pelo relacionamento de amizade e não pela sua competência técnica e competitividade financeira).

O processo de compras envolve muitas áreas, e o profissional precisa ter habilidade para lidar com diferentes equipes, compreender os tempos de cada etapa e trabalhar com transparência para fluidez dos processos. A área de compras faz parte da cadeia de suprimentos (supply chain), que envolve equipes como planejamento de produção e estoques, produção, engenharia, manutenção, acabamento, logística, qualidade, financeiro, marketing, vendas, jurídico e outras áreas, dependendo da complexidade da cadeia envolvida.

Em muitos negócios, a área de compras teve o nome substituído por centro de lucros. Algumas empresas que tinham a visão do time de vendas, com exclusividade na busca por lucros, tiveram que repensar suas estratégias. As equipes de compras passaram a compor a meta anual de crescimento dos negócios, contribuindo com ganhos obtidos por meio das negociações com fornecedores. A palavra economia (savings) tomou outra proporção. As estratégias se renovam a todo momento e aqueles que desejam atuar na área de compras de negócios internacionais devem investir em conhecimento de idiomas, competências de negociação, análise tributária, financeira, aduaneira e logística, bem como entender as legislações brasileiras e internacionais e buscar tendências de mercado, ter entendimento sobre os processos, inovação e inteligência artificial aplicada a negócios.

O desafio é construir relacionamento com fornecedores que tenham capacidade de garantir o abastecimento com qualidade, sustentabilidade financeira e ecológica, controle de qualidade com transparência e rastreabilidade, além de responsabilidade com seus colaboradores e a comunidade. No escopo de trabalho do profissional de compras consta, ainda, cotar preços de diferentes fornecedores – as boas práticas e diretrizes de compliance exigem no mínimo três orçamentos para todos os itens de compras.

Para se tornar um fornecedor habilitado, há processos de cadastro que avaliam a capacidade técnica, incluindo práticas e processos, análise financeira, reputação, condições de trabalho e respeito às pessoas, sustentabilidade e outras características, a depender de cada segmento. Todo esse processo de capacitação e desenvolvimento dos fornecedores faz parte do trabalho do profissional de compras.

Um fornecedor de uma grande empresa precisa passar por inúmeras etapas de negociação, pois a análise de composição de preço será verificada em detalhes. O profissional de vendas deverá saber explicar os cálculos da composição do preço ofertado. Por meio do detalhamento de custos (cost breakdown), o profissional de compras irá verificar se o preço praticado está compatível com o mercado.

A ideia é estabelecer parcerias de longo prazo com fornecedores que possuam qualidade e competências técnicas, além da competitividade em seus preços. O fornecedor que tem a melhor gestão de processos, mão de obra qualificada, investimento em tecnologia e inovação terá seus esforços refletidos em sua proposta de precificação.

Portanto, engana-se quem pensa que os compradores buscam somente preços, pois o preço deverá ser sempre associado à qualidade e eficácia, com resultados comprovados.

Com o objetivo de melhorar sua gestão de compras, as empresas criaram processos em que os compradores são responsáveis por uma determinada categoria não apenas localmente, mas de forma global. A centralização das compras permite economia em escala e processos com padrões globais. Atuar com importação exigirá todas as habilidades do profissional de compras, com a adição do desafio de entender outros processos dos negócios internacionais. Na negociação, o comprador precisará compreender que o preço praticado pelo fornecedor representa apenas o início dos cálculos. Será necessário considerar gastos logísticos, seguro, tributos, despesas aduaneiras, entre outros gastos e riscos inerentes aos negócios internacionais, que abordaremos nos próximos tópicos, na análise da viabilidade da importação.

Identificada a viabilidade da importação, o comprador que atua com negócios internacionais deve considerar a análise de licenças, permissões ou outros documentos que poderão ser exigidos pelos órgãos anuentes e intervenientes do comércio exterior. No pagamento, o comprador internacional lidará com o câmbio (assunto que detalharemos no capítulo 9 deste livro), a conversão de moedas. Por exemplo, no pagamento em dólar (USD), é necessário considerar o valor da conversão para a moeda brasileira (BRL) acrescido das despesas financeiras.

Na logística, o comprador internacional lidará com diversos modais de transporte, como aéreo, rodoviário, marítimo e ferroviário. No capítulo 8 deste livro, detalharemos os fluxos logísticos na importação. Quando a carga chega ao Brasil, o comprador internacional precisa entender que há processos aduaneiros que envolvem a liberação das mercadorias por parte das autoridades, como a Receita Federal. Nessa etapa, mesmo seguindo todos os trâmites e a legislação corretamente, há processos que vão além do controle das empresas. As autoridades aduaneiras poderão exigir documentos adicionais, fiscalização física da mercadoria ou comprovação do valor da mercadoria. Nessa etapa, o comprador internacional, juntamente com profissionais do comércio exterior, como o despachante aduaneiro, precisará atuar para ter a mercadoria liberada.

Nos próximos tópicos, detalharemos o passo a passo para a importação das mercadorias. O que buscamos até aqui foi aprofundar sobre o perfil e as necessidades de qualificação para os profissionais que desejam atuar em compras no mercado internacional. Siga conosco nessa jornada, há muito conhecimento à vista!

O que é necessário para importar um produto?

No capítulo 5 deste livro, falando sobre características técnicas, identificamos que, para a negociação de bananas, precisamos entender sobre as variedades dessa fruta para, ao final, comparar a proposta de preço da banana prata com o preço da banana prata, e não entre tipos diferentes de banana.

A premissa para importar começa na identificação das características técnicas. Ao identificar tais características, precisamos aplicar a classificação fiscal de mercadorias. Seja para exportar ou importar, essa classificação é fundamental. No Brasil, utilizamos a Nomenclatura Comum do Mercosul (NCM), no sistema Classif, que é uma plataforma digital da Receita Federal em que o importador poderá identificar o produto e encontrar seu tratamento tributário (que se refere às alíquotas para o cálculo dos tributos de importação) e o tratamento administrativo (referente às licenças e permissões necessárias).

Ao identificar o produto com potencial para importar, precisamos investigar o preço praticado no mercado internacional *versus* o preço ofertado no mercado doméstico. Na importação, o estudo de viabilidade será fundamental. Não valerá a pena todo o esforço de um processo de importação se, ao final, o produto importado custar muito mais do que um idêntico ofertado no mercado brasileiro.

Trâmites fiscais e legislação para importar

Ao identificar a classificação fiscal da mercadoria (NCM), o importador deverá analisar, no tratamento administrativo, se é permitida a importação da mercadoria e se há requisitos específicos dos órgãos anuentes. O módulo para licenças, permissões, certificados e outros documentos (LPCO) é uma ferramenta no Siscomex que centraliza a comunicação entre o importador, o Governo e os órgãos anuentes. Se for identificada a necessidade de licenças ou outros documentos exigidos por órgãos anuentes, o importador precisará providenciá-los e cumprir com os requisitos solicitados.

Um exemplo de órgão anuente é o Ministério da Agricultura, Pecuária e Abastecimento (Mapa), responsável pela fiscalização e permissão de exportação e importação de produtos de origem animal, vegetal, insumos agrícolas, entre outros.

Estruturando uma importação

A seguir apresentaremos um passo a passo que poderá ser aplicado tanto a pequenos empreendedores que desejam iniciar negócios na importação quanto a profissionais de compras que já atuam internacionalmente e desejam reciclar conhecimento ou descobrir novas ferramentas.

Escolha do negócio

» Quais produtos não fabricados no Brasil os consumidores gostariam de obter?

» Quais matérias-primas posso obter em outros países?
» Na análise do tratamento administrativo, essa mercadoria pode ser importada?
» Há algum requisito aduaneiro específico? Licenças, permissões, certificados ou outras necessidades?
» O preço é competitivo quando comparado ao mercado global?
» Mesmo que o preço seja idêntico ao do mercado doméstico, essa estratégia pode descentralizar o poder do fornecedor local e melhorar minhas negociações?
» Há produtos inovadores que os consumidores desconhecem?

Viabilidade e análise de gastos (custos e despesas) na importação

» Quais são os preços praticados pelos fornecedores brasileiros?
» Quais são os preços praticados no exterior?
» Qual será o regime tributário escolhido para esse negócio?
» Qual será o NCM da mercadoria?
» Quais são as alíquotas de importação dessa mercadoria?
» Qual será o custo logístico (agente de carga, navio, rodoviário)?
» Quais serão os gastos com prestadores de serviços (despachantes, licenças)?
» Haverá redução no preço final?

Como analisar a viabilidade?

Ao contrário das exportações, em que há um incentivo para recebimento de divisas de outros países e os produtos podem ser isentos de tributos, na importação, como mecanismo de proteção ao mercado doméstico e à saída de divisas (ou moeda) do nosso país, os produtos podem ter incidência mais rígida de tributos.

Para estruturar os gastos com a importação, recomendamos a elaboração de uma planilha com as informações que o importador deve buscar para obter o valor da mercadoria FOB, ou seja, sem os gastos logísticos, tributários e aduaneiros. Veja a seguir um exemplo:

Classificação fiscal da mercadoria (NCM)		BRL	USD
Valor da mercadoria no local de embarque			
Valor do frete internacional			
Valor do seguro de transporte internacional			
Soma CIF – valor aduaneiro			
Alíquotas (tributos)	%	BRL	USD
Imposto de importação (II)			
Imposto sobre produtos industrializados (IPI)			
Programa de integração social (PIS)			
Contribuição para o financiamento da seguridade social (COFINS)			
Imposto sobre circulação de mercadorias e serviços (ICMS)			
Outras despesas aduaneiras		BRL	USD
Taxa Siscomex			
Liberação de conhecimento			
Desconsolidação de conhecimento			
Taxa de marinha mercante (AFRMM)			
Taxa de manuseio no terminal			
Armazenagem na zona primária			
Sindicato dos despachantes aduaneiros (SDA)			
Despachante aduaneiro			
Gastos extras embalagem (fumigação/madeira)			
Outras despesas			
Totais		BRL	USD
Mercadoria importada			
Frete internacional e seguro internacional			
Tributos			
Outras despesas			
Custo total da importação			

Figura 6.1 – Planilha de gastos da importação

Ao identificar o produto que tem potencial para importação, primeiramente deve ser analisado o preço da concorrência no mercado doméstico, ou seja, o preço praticado no Brasil. As ferramentas digitais, como os marketplaces (plataformas on-line que conectam vendedores e compradores em um ambiente digital), são ótimas para identificar o preço ao consumidor final, lembrando que este já contém todos os tributos, gastos (como logística e operação) e é adicionado da margem de lucro.

Caso o preço seja cotado diretamente com fornecedores no atacado e prestadores de serviço (como transportadoras), será possível desmembrá-lo. Dessa forma, teremos somente o preço da mercadoria, os gastos com tributos e logística e a margem praticada no segmento. Em posse da informação de preço praticado no mercado doméstico, a próxima etapa é identificar no exterior o preço da mercadoria na fábrica para atacado. Por fim, é preciso adicionar ao preço praticado no exterior os gastos detalhados na planilha (como gastos da logística internacional, tributos, despesas aduaneiras).

Isso não se trata de uma verdade absoluta, cada importação deve ser analisada detalhadamente, porém, em média, o preço FOB da mercadoria, ou seja, sem os gastos logísticos, tributários e aduaneiros, deverá custar entre 80% e 100% menos que o preço praticado no Brasil para a viabilidade da mercadoria.

É necessário fazer os cálculos e não se esquecer que há riscos na importação que poderão adicionar gastos aduaneiros. Na nacionalização ou parametrização, ou seja, no momento da liberação das mercadorias nas fronteiras brasileiras pelas autoridades aduaneiras, pode haver retenção da mercadoria para fiscalização. Caso isso ocorra, despesas portuárias, rodoviárias ou aeroportuárias não planejadas podem inviabilizar a importação.

Fornecedores

- Qual é a reputação do fabricante? Qual é o histórico e tempo de existência do negócio?
- Certificado técnico: as características técnicas correspondem à necessidade da sua importação?
- Qual é a capacidade produtiva?

- » Há certificações para a garantia da qualidade e da segurança dos trabalhadores, do meio ambiente e da governança?
- » Qual é a sua análise para a garantia da continuidade do fornecimento?
- » Houve alguma missão brasileira que já realizou visitas presenciais a essa região? Procure ajuda com instituições brasileiras que apoiam negócios internacionais.
- » Há possibilidade de visita presencial ou participação em feiras/eventos para conhecer fornecedores e fazer visitas às suas instalações?

Negociação e pagamento

- » Há garantias para a negociação? Há marketplaces que oferecem seguro em suas plataformas, para a devolução do pagamento?
- » Os aspectos técnicos foram negociados?
- » Quais serão os prazos de entrega?
- » Quais são os possíveis gastos e riscos adicionais do despacho aduaneiro?
- » Qual será o incoterm negociado?
- » Escolha a modalidade de pagamento com intermediação bancária, por exemplo, carta de crédito. Assim, o exportador só receberá o valor negociado se cumprir com todas as obrigações negociadas.
- » Qual é o risco-país, ou seja, o indicador financeiro da capacidade que um país terá para honrar pagamentos e transações internacionais?

Estratégias da logística

- » Na logística, qual será a proposta/definição de responsabilidades da entrega da carga?
- » Na proposta, é considerado frete + seguro internacional, ou seja, no país da importação?
- » Na proposta, é considerado frete + seguro nacional, ou seja, gastos logísticos no Brasil?

Nacionalização

- Qual é o valor dos honorários dos despachantes aduaneiros?
- Quais são os gastos e riscos no processo de liberação junto à alfândega?

Análise do preço final da importação

- Há possibilidade de desoneração tributária?
- Quais serão os tributos incorridos na produção/compra das mercadorias que poderão ser recuperados?
- Há possibilidade de realização de algum regime especial, como drawback,* que permita a suspensão, isenção ou restituição de tributos sobre insumos importados na produção de bens destinados à exportação?

Prospecção de fornecedores globais

Para encontrar fornecedores globais, antes mesmo de iniciar a negociação, o primeiro passo é buscar conhecimento sobre o produto e o segmento.

- Quais são as características técnicas que garantem a qualidade?
- Quais são os critérios de qualidade e tolerâncias permitidas para o seu negócio?
- Quais são as exigências e os padrões, incluindo as leis no mercado brasileiro?
- Quais são os diferenciais reconhecidos pelo mercado?
- Quais são as etapas de produção?
- Quais são os tempos de cada etapa, ou seja, etapas de produção, acabamento, requisitos específicos de patentes ou licenças, logística e documentação?
- Há necessidade de embalagens específicas?

* Drawback é um benefício que permite às empresas receberem descontos ou isenções de impostos e tarifas sobre produtos que foram importados e depois exportados novamente.

- Quem são os fornecedores líderes nesse segmento?
- Qual é o marketshare, ou seja, sua participação percentual nos mercados brasileiro e internacional?
- Há envio de amostras para testes?
- Há envio de laudos e certificados para atestar a qualidade?

Ao definir os parâmetros técnicos dos produtos e obter conhecimento sobre o funcionamento de tal segmento, o próximo passo será a identificação dos potenciais parceiros.

- Ao identificar os líderes do segmento: há possibilidade de negociação direta com a fábrica? Qual a quantidade mínima para negociação? Há indicação de representantes ou agentes para negociação em quantidades menores?
- Há feiras e eventos desse segmento para identificar representantes comerciais?
- Buscas on-line de fornecedores B2B (business-to-business), ou seja, negociação de empresas para empresas.
- Quais são as trading companies* desse segmento?
- Busque apoio com associações comerciais e entidades de classe para indicação de empresas desse segmento.
- Busque contato com agentes de carga, pois essas empresas são especializadas na logística e no processo de importação e podem recomendar empresas que já operam nesse segmento.

Ferramentas e análises para importação

É importante ressaltar que pessoas físicas não podem importar mercadorias destinadas à revenda. Para a comercialização de mercadorias, pessoas jurídicas podem optar pela importação simplificada para compras até US$ 3.000,00 (consulte a Instrução Normativa SRF nº 611/2006). No site da Receita Federal, o portal Compras Internacionais traz instruções

* Trading companies são companhias especializadas em conectar empresas no exterior com clientes no mercado nacional.

sobre o Programa Remessa Conforme para importação por meio de comércio eletrônico.

Classificação fiscal da mercadoria

No portal único do Sistema de Comércio Exterior Brasileiro (Siscomex), o Sistema Classif é uma ferramenta para informações sobre a Nomenclatura Comum do Mercosul (NCM), tratamento tributário e administrativo. A NCM é uma extensão do sistema harmonizado (harmonized system code), que é um sistema internacional para identificação de produtos administrado pela Câmara de Comércio Internacional. Ao identificar o código NCM com 8 dígitos, consulte e faça a análise do tratamento tributário e do tratamento administrativo para verificar as licenças de importação. No site da Receita Federal há também o simulador do tratamento tributário e administrativo das importações, que pode auxiliar no cálculo e entendimento sobre o conceito do valor aduaneiro da mercadoria.

Análise de fornecedores B2B

A plataforma Alibaba é um e-commerce B2B, ou seja, negociação de empresas para empresas, com volume no varejo e atacado. No LinkedIn também é possível encontrar páginas de empresas e os contatos dos funcionários para relacionamento comercial.

Manual aduaneiro

No site da Receita Federal, no link para o *Manual aduaneiro de importação* (Brasil, 2024a), é possível encontrar fluxo aduaneiro com a legislação e o "Regulamento aduaneiro", que é um decreto que regulamenta a administração das atividades aduaneiras, e a fiscalização, o controle e a tributação das operações de comércio exterior.

Cases de sucesso de importações brasileiras

Ao longo deste capítulo, exploramos os caminhos para empresas que ainda não importam por receio da complexidade e das burocracias que envolvem os negócios internacionais. Buscamos incentivar o empreendedorismo, que pode ocorrer por meio de lojas físicas ou comércio eletrônico. Como exemplo de caso de empresa com negócios bilionários, que obteve economia e competitividade em seus negócios a partir da cadeia global de suprimentos, podemos citar a WEG, que é uma gigante brasileira da indústria eletroeletrônica, importadora de uma vasta gama de produtos, desde matérias-primas até componentes eletrônicos complexos.

Além das grandes operações, vivenciamos também experiências de alunos que começaram do zero, sem conhecer os negócios internacionais, mas que trilharam pelo caminho do conhecimento, esforço e dedicação e desbravaram os desafios da importação, obtendo êxito em seus negócios. Alguns iniciaram com a revenda em redes sociais, e foram crescendo com lojas físicas ou no comércio eletrônico. Vimos também alunos intraempreendedores, que colaboram com as empresas que trabalham para o início dessa jornada da importação, criando marcas próprias e trazendo competitividade e maior lucratividade para os seus negócios.

Os negócios internacionais estão tanto para as grandes cifras quanto para aqueles que reconhecem que para tudo há um começo, ou seja, todos que querem começar, trilhar um novo caminho profissional.

Arrematando as ideias

Este capítulo explorou as oportunidades da importação. O Brasil é tradicionalmente importador de produtos com valor agregado, ou seja, produtos transformados. Trouxemos o convite à reflexão sobre o Brasil diversificar seus negócios internacionais para se tornar importador de produtos de base e fortalecer sua indústria, o que pode levar ao crescimento de pesquisas e desenvolvimento, educação e qualificação da mão de obra, inovação e melhores rendimentos para a balança comercial e a renda dos brasileiros.

Abordamos o perfil do profissional de compras internacionais com o objetivo de incentivar a busca pelo conhecimento de idiomas, competências de negociação, análise tributária, financeira, aduaneira e logística, bem como a governança (compliance).

Para atingir o objetivo de ser um guia prático, apresentamos um passo a passo para importação, com análise de viabilidade e tópicos para estruturar o processo fiscal, financeiro, logístico e aduaneiro.

7 Inovação em negócios internacionais

Inovação: 78% das start-ups brasileiras já utilizam inteligência artificial em seus processos

Qual é o papel da inovação nas operações de comércio exterior?

Como a inovação pode auxiliar nas operações de importação e exportação?

No cenário global contemporâneo, a inovação tornou-se um dos principais motores de crescimento e competitividade para empresas que operam além das fronteiras nacionais. Este capítulo visa oferecer uma visão abrangente sobre a forma como a inovação está transformando os negócios internacionais, destacando as tendências emergentes, os desafios enfrentados e as oportunidades que surgem nesse campo dinâmico.

A inovação em negócios internacionais não se limita ao desenvolvimento de novos produtos ou serviços, mas abrange também a implementação de processos inovadores, modelos de negócios disruptivos e estratégias de mercado diferenciadas. Empresas que conseguem integrar essas inovações em suas operações globais estão mais bem posicionadas para responder às rápidas mudanças do mercado, às demandas dos consumidores e às pressões competitivas.

Neste capítulo, vamos explorar os principais fatores que impulsionam a inovação em um contexto internacional, incluindo avanços tecnológicos, mudanças regulatórias e a crescente importância da sustentabilidade, o que pode oferecer insights valiosos para empreendedores que buscam expandir suas operações internacionalmente.

Inovação no comércio exterior

Em um mundo cada vez mais globalizado, a capacidade de inovar pode ser a diferença entre prosperar e ficar para trás. Mas o que exatamente significa inovar no comércio exterior? De maneira simples, trata-se de encontrar novas formas de realizar negócios internacionais de maneira mais eficiente, eficaz e sustentável. Isso pode incluir desde a adoção de tecnologias avançadas, como a inteligência artificial e a blockchain, até a implementação de novos métodos logísticos e estratégias de marketing digital.

A utilização de plataformas digitais para facilitar transações internacionais, por exemplo, tem revolucionado o comércio exterior. As empresas agora podem conectar-se com parceiros comerciais em qualquer parte do mundo com apenas alguns cliques, reduzindo custos e aumentando a velocidade das operações. Além disso, tecnologias como a blockchain garantem maior transparência e segurança nas transações, o que é essencial para construir confiança em mercados globais.

Outro aspecto importante da inovação no comércio exterior é a adaptação às regulamentações internacionais. As empresas precisam estar atentas às mudanças nas leis e normas de cada país onde operam; inovar na forma como gerenciam a conformidade regulatória pode evitar problemas legais e financeiros. Por fim, a sustentabilidade também é uma área de inovação no comércio exterior. Empresas que adotam práticas sustentáveis não só contribuem para a preservação do meio ambiente, mas também ganham a preferência de consumidores e parceiros comerciais que valorizam a responsabilidade ambiental.

Ao inovar no comércio exterior, as empresas não apenas melhoram seu desempenho, mas também fortalecem sua posição no mercado global, cada vez mais competitivo. Várias tecnologias estão revolucionando o comércio exterior, tornando-o mais eficiente, seguro e transparente: a automação simplifica e acelera operações aduaneiras, reduz o tempo de processamento e minimiza erros; a tecnologia blockchain garante maior transparência e segurança nas transações ao registrá-las de forma imutável e acessível a todas as partes envolvidas; a inteligência artificial (IA) é usada para prever demandas, ajustar preços automaticamente e sugerir rotas de transporte mais eficientes, a fim de melhorar a tomada de decisões estratégicas para as empresas; as diversas plataformas digitais de comércio facilitam transações internacionais ao conectar empresas e consumidores globalmente com apenas alguns cliques; o armazenamento de dados na nuvem permite acesso e compartilhamento de informações em tempo real, o que pode aumentar a colaboração e transparência; entre outros.

Desmistificando a inovação

Quando falamos em inovação, muitas vezes imaginamos tecnologias futuristas, laboratórios de alta tecnologia ou invenções revolucionárias. No entanto, a inovação é muito mais acessível e prática do que parece, e pode ser aplicada de maneira simples e eficaz em qualquer negócio, inclusive no comércio internacional.

Inovação não é apenas sobre criar algo completamente novo. Muitas vezes, trata-se de melhorar o que já existe. Pode ser um novo processo que torna a produção mais eficiente, uma nova abordagem para atender aos clientes, ou até mesmo uma pequena mudança que faz uma grande diferença no dia a dia da empresa. Para desmistificar a inovação, vejamos a seguir alguns exemplos.

Uma empresa de exportação pode adotar um software de gestão de inventário que automatiza o rastreamento de mercadorias. Essa mudança simples pode reduzir erros, economizar tempo e melhorar a satisfação do cliente. Se uma empresa que exporta peças automotivas implementar um sistema de gestão de inventário, poderá monitorar em tempo real a localização e o status de cada peça, evitando atrasos e garantindo que os clientes recebam seus pedidos no prazo.

A inovação pode vir também de uma adaptação do produto às necessidades locais. Uma empresa que vende produtos em vários países pode inovar ao adaptá-los às preferências culturais locais, aumentando assim sua aceitação no mercado. Por exemplo, uma marca de roupas pode lançar coleções específicas para diferentes mercados, levando em conta as preferências de estilo e as condições climáticas de cada região.

A implementação de práticas sustentáveis, como o uso de embalagens recicláveis, pode não só reduzir custos, mas também atrair consumidores conscientes e melhorar a imagem da marca. Uma empresa de cosméticos, por exemplo, pode inovar ao substituir embalagens plásticas por alternativas biodegradáveis, atendendo à demanda crescente por produtos ecologicamente corretos.

Inovar não precisa ser complicado ou caro. Muitas vezes, as inovações mais eficazes são aquelas que simplificam processos, lapidam a eficiência e atendem melhor às necessidades dos clientes. Cabe ressaltar, ainda, que a inovação não se trata de algo simplesmente novo (seja disruptivo ou incremental); o processo ou estratégia de inovação deve trazer resultados para a empresa.

Fundamentos da inovação

Já entendemos que a inovação é o processo de criar algo ou melhorar significativamente uma coisa que já existe. Isso pode envolver a introdução de novos produtos, serviços, processos ou modelos de negócios. Como já foi dito anteriormente, a inovação não se limita apenas a grandes descobertas tecnológicas; ela pode ocorrer em qualquer área de uma empresa e em qualquer escala.

A inovação é importante porque permite que as empresas se adaptem às mudanças do mercado, além de permitir que se diferenciem da concorrência. Em um mundo em que as preferências dos consumidores e as tecnologias estão em constante evolução, a capacidade de inovar pode ser a chave para o sucesso a longo prazo.

Existem diferentes tipos de inovação, cada um com seu próprio foco e impacto:

- **Inovação de produto:** envolve a criação de novos produtos ou a atualização dos existentes, promovendo uma melhoria significativa. Por exemplo: uma empresa de eletrônicos lança um novo modelo de smartphone com funcionalidades avançadas.
- **Inovação de processo:** refere-se à implementação de novos métodos de produção ou distribuição que aumentem a eficiência e reduzam custos. Um exemplo é a adoção de tecnologia utilizada na linha de montagem para acelerar a produção.
- **Inovação de modelo de negócio:** envolve a criação de novas formas de gerar receita ou entregar valor aos clientes. A transição de um modelo de venda única para um modelo de assinatura, por exemplo.
- **Inovação organizacional:** refere-se a mudanças na estrutura ou na cultura da empresa para melhorar a colaboração e a produtividade. Isso pode incluir a adoção de práticas de trabalho remoto ou a criação de equipes multidisciplinares.

Inovar pode representar um desafio muito grande para o empreendedor, no entanto, existem algumas práticas que podem ajudar as empresas a fomentarem a inovação e com isso incentivar os funcionários a compartilharem ideias e experimentarem novas abordagens sem medo de falhar. O investimento em pesquisa e desenvolvimento (P&D) pode proporcionar a alocação de recursos para explorar novas tecnologias. Trabalhar em colaboração com parceiros externos, outras empresas, universidades e centros de pesquisa pode trazer muitas boas ideias, além de desenvolver boas práticas. Nesse contexto, cabe lembrar que prestar atenção ao feedback dos clientes sempre trará elementos relevantes para identificar pontos de melhoria e oportunidades de inovação. Ao entender e aplicar esses fundamentos, as empresas podem se posicionar melhor para enfrentar os desafios e aproveitar as oportunidades do mundo globalizado.

Criando produtos inovadores

A criação de produtos inovadores é essencial para o sucesso em negócios internacionais. Este processo envolve várias etapas, desde a compreensão das necessidades dos clientes até o lançamento e melhoria contínua do produto. Vamos explorar a seguir cada uma dessas etapas:

- **Entendendo a necessidade:** o primeiro passo para criar um produto inovador é entender as necessidades e desejos dos clientes. Isso pode ser feito por meio de pesquisas de mercado, entrevistas com os clientes e análise de dados. Assim, será possível coletar dados sobre as preferências dos consumidores, insights sobre suas necessidades, feedbacks de clientes e análises de mercado para identificar padrões e oportunidades.
- **Gerando ideias:** a compreensão das necessidades dos clientes é uma fonte potente para a geração de ideias inovadoras. Algumas práticas eficazes para a geração de ideias podem incluir sessões de brainstorming, em que a equipe se reúne para discutir e gerar muitas ideias livremente, sem julgamentos iniciais. Os empreendedores podem, ainda, buscar inspiração em outras indústrias, tendências tecnológicas e inovações globais. Outra maneira de gerar ideias é envolver clientes e parceiros utilizando plataformas on-line para coletar sugestões (crowdsourcing).
- **Prototipagem e testes:** depois de selecionar as melhores ideias, é interessante que a empresa consiga criar protótipos, ou seja, uma versão inicial do produto, que permite testar suas funcionalidades

e identificar possíveis melhorias. O processo inclui a criação de modelos físicos ou digitais do produto para testar conceitos e a realização de testes com um grupo específico de clientes para obter feedback. Com base nos feedbacks obtidos, o protótipo deverá ser refinado e o ciclo de testes repetido, efetuando melhorias até alcançar um resultado satisfatório.

» **Desenvolvimento e design:** partindo dos resultados da prototipagem e dos testes, o empreendedor pode seguir para o desenvolvimento da versão final do produto. Ao considerar esse desenvolvimento, a empresa precisa garantir que o produto seja fácil de usar e atenda às necessidades dos clientes por meio de um design funcional, atraente e confortável, além de pensar na qualidade e durabilidade do produto.

A criação de produtos inovadores é um processo que envolve o entendimento das necessidades dos clientes, a geração de ideias, a prototipagem e testes, além do desenvolvimento do produto. Com uma abordagem estruturada e foco na inovação, a empresa pode desenvolver produtos que não só atendam às expectativas dos clientes, mas também se destaquem no competitivo mercado internacional.

Implementando soluções inovadoras

Partindo da premissa de que todo produto ajuda o cliente a resolver um problema ou desafio, podemos considerar também tal produto como uma solução. Implementar essas soluções inovadoras é um passo crucial para transformar ideias em realidade e garantir que sua empresa se mantenha competitiva no mercado internacional. Vamos tratar, agora, da implementação das soluções idealizadas e desenvolvidas pela empresa para oferecer aos clientes.

O primeiro passo é identificar e definir, com clareza, a solução inovadora que será implementada. Isso pode vir de uma ideia interna, de um feedback de cliente ou de uma análise de mercado. É importante escolher uma solução que realmente agregue valor e resolva um problema ou desafio do cliente.

Antes de implementar a solução, é essencial planejar cuidadosamente, o que inclui o estabelecimento de metas claras e mensuráveis para o lançamento do produto ou solução e a garantia dos recursos necessários para implementação, bem como o desenvolvimento de um cronograma detalhado com etapas e prazos.

Ainda nesse contexto, é importante lembrar que a implementação bem-sucedida de uma solução inovadora depende do envolvimento de toda a equipe. Dessa forma, informar todos os membros da equipe sobre a solução, os seus benefícios e como será implementada é uma boa prática, assim como oferecer treinamento adequado e manter canais abertos para feedback durante todo o processo de lançamento.

Antes de lançar o produto, faz-se necessário um planejamento eficaz, que inclui a identificação dos clientes potenciais e como alcançá-los; a escolha dos canais adequados para distribuir o produto; além da estruturação de campanhas promocionais para gerar interesse pelo produto utilizando mídias sociais, publicidade on-line, feiras e eventos de lançamento.

Após o lançamento, é necessário continuar monitorando o desempenho do produto e coletando feedback dos clientes. A inovação é um processo contínuo, não termina no lançamento. Nesse contexto, monitorar as vendas e a satisfação do cliente, implementar melhorias contínuas no produto, além de manter-se atualizado com as tendências e tecnologias emergentes, pode possibilitar à empresa continuar inovando e mantendo a competitividade.

Inovação para operações de importação e exportação

Utilizar a inovação para importar envolve identificar fornecedores confiáveis, negociar e contratar de forma eficiente, otimizar a logística e o transporte, simplificar o desembaraço aduaneiro, gerenciar pagamentos de maneira segura e adotar práticas sustentáveis. Com essas estratégias, a empresa pode melhorar a eficiência e a eficácia das operações de importação, garantindo sucesso no mercado internacional. A inovação é fundamental para modernizar e otimizar as operações de importação e exportação. Vamos explorar algumas maneiras pelas quais a inovação pode ajudar nesse contexto.

A automação de processos burocráticos, por exemplo, especialmente com o uso de inteligência artificial (IA), pode simplificar tarefas repetitivas, como o preenchimento de documentos e a verificação de conformidade com normas internacionais, o que reduz erros humanos e aumenta a eficiência.

Na logística e cadeia de suprimentos, as tecnologias avançadas (como a IA) podem analisar grandes volumes de dados logísticos para prever e otimizar rotas de transporte, além de antecipar atrasos e ajustar estoques em tempo real, resultando em uma cadeia de suprimentos mais eficiente e econômica. A IA pode, ainda, auxiliar no processamento de dados e inteligência de mercado, na previsão de demandas, na otimização de preços e na detecção de fraudes, possibilitando vantagem competitiva significativa.

Com processos mais eficientes e precisos, as empresas podem oferecer um serviço mais confiável e ágil, aumentando a satisfação e fidelização dos clientes. A capacidade de prever necessidades e responder rapidamente a mudanças no mercado é um diferencial competitivo importante, proporcionando melhorias na experiência do cliente.

O rastreamento e a visibilidade em tempo real podem trazer melhorias de performance para as operações envolvendo importação e exportação. Nesse sentido, tecnologias como internet das coisas (IoT) e sistemas de rastreamento em tempo real permitem que as empresas monitorem a localização e o status de suas cargas, o que facilita a gestão de estoque e a eficiência operacional, além de reduzir custos.

A inovação também ajuda na conformidade com regulamentações internacionais e na gestão de riscos. Considerando a atenção das empresas no que diz respeito às práticas de compliance e gestão de riscos, sistemas baseados em IA podem monitorar mudanças nas regulamentações e garantir que todas as operações estejam em conformidade, evitando multas e atrasos. Investir em treinamentos e workshops para capacitar os colaboradores a lidar com as novas tecnologias e os desafios específicos do setor é essencial, pois promove uma cultura de inovação e excelência dentro da empresa.

Arrematando as ideias

A partir da reflexão sobre o papel da inovação nas operações de comércio exterior, exploramos, neste capítulo, os principais fatores que impulsionam a inovação em um contexto internacional.

Desmistificamos a crença de que a inovação está relacionada apenas à criação de algo disruptivo ou completamente novo. Muitas vezes, trata-se de melhorar um processo ou alguma característica do produto, pensar em uma nova estratégia de posicionamento da empresa, ou ainda adaptar um modelo de negócio já existente.

Dessa forma, podemos entender que inovação é o processo de criar ou melhorar significativamente algo que já existe a fim de permitir que as empresas se adaptem às mudanças e necessidades que possam surgir.

Vimos que, no processo de criação de produtos, é importante entender as necessidades dos clientes. Após o nascimento da ideia, devem ser realizados protótipos e testes até o desenvolvimento e lançamento do produto. É importante lembrar que o ato de inovar não cessa com o lançamento do produto, pois trata-se de um processo contínuo de implementação de melhorias.

8 Estruturando os processos de logística internacional

Quando pensamos em logística internacional, imaginamos estruturas modernas e tecnologia avançada, tudo funcionando com rapidez e eficiência. Mas nem sempre foi assim. A ideia de mover pessoas e mercadorias começou junto com o desenvolvimento humano.

Por volta de 3500 a.C., os sumérios e os povos da Mesopotâmia já faziam suas primeiras movimentações. Mais tarde, em 3000 a.C., os egípcios começaram a fazer comércio marítimo no Mar Mediterrâneo e no Mar Vermelho. Eles trocavam coisas como papiro, ouro, linho e pedras preciosas com outras civilizações.

Na Grécia Antiga, entre 800 a.C. e 300 a.C., produtos como azeite de oliva, vinho, cerâmica e metais eram amplamente comercializados. Já o Império Romano (de 27 a.C. a 476 d.C.) herdou e expandiu as rotas comerciais dos gregos e fenícios. Eles construíram uma vasta rede de portos e navios mercantes que facilitavam o transporte de bens em todo o Mediterrâneo, incluindo cereais, vinho, azeite, têxteis e especiarias.

Durante a Idade Média (500 d.C. a 1500 d.C.), havia a Rota da Seda Marítima, que conectava a Ásia com a Europa pelo Oceano Índico. Comerciantes árabes, indianos e chineses usavam essas rotas para trocar especiarias, seda, porcelana e outros bens valiosos.

As grandes navegações dos séculos XV e XVI marcaram uma nova era no transporte marítimo de mercadorias. Exploradores europeus como Cristóvão Colombo, Vasco da Gama e Fernão de Magalhães abriram novas rotas comerciais através do Atlântico e do Pacífico, e isso conectou continentes e estabeleceu colônias, além de transformar o comércio global.

Como podemos ver, a logística internacional é uma prática muito antiga que facilitou o conhecimento, a expansão das fronteiras e a aproximação entre os povos ao longo da história

Gestão das operações logísticas

A gestão da logística trata do planejamento e gerenciamento dos produtos que entram e saem de uma empresa, além de cuidar do processo de devolução (logística reversa). O processo de gerenciamento da logística envolve:

- pedir, receber e armazenar estoque em centros de distribuição;
- acompanhar o estoque enquanto ele se move pela cadeia de suprimentos;
- usar tecnologia e automação para melhorar os processos;
- montar fluxos de trabalho para coleta e embalagem de produtos;
- garantir que os pedidos sejam enviados com segurança e no prazo.

A gestão da logística é importante porque supervisiona toda a cadeia de suprimentos, começando pelo fornecimento de produtos e matérias-primas até o envio dos pedidos para seu destino. Dessa maneira, ela tem como principal objetivo atender às expectativas dos clientes para entregas rápidas e precisas, enquanto otimiza os custos internos.

Três razões para investir na gestão da logística:

1. Entregas rápidas e precisas aumentam a satisfação e a confiança dos clientes.
2. Processos bem-organizados reduzem erros e custos, melhorando a eficiência.
3. Uma logística bem gerida facilita a expansão e o crescimento do negócio.

Com uma definição clara sobre a gestão logística, podemos transferir esses conceitos para o mercado internacional. A logística internacional abrange tudo sobre planejar, colocar em prática e supervisionar a fabricação, o armazenamento e o transporte eficiente de mercadorias ao redor do mundo. Imagine a jornada dos produtos desde o ponto de origem até o destino, passando por vários países e continentes, em diferentes modais de transporte, variações climáticas e embalagens especiais, para suportar o manuseio ao longo dos percursos de importação e exportação.

Embora muitos usem os termos logística e cadeia de suprimentos como se fossem sinônimos, a logística é apenas uma parte da cadeia de suprimentos. A logística é o caminho que as mercadorias fazem para chegar ao cliente, enquanto a cadeia de suprimentos abrange todo o processo, desde a produção até a entrega, ou seja, a logística cuida do transporte e armazenamento dos produtos, enquanto a cadeia de suprimentos é o conjunto de todas as etapas e processos que garantem que um produto seja fabricado e chegue às mãos do consumidor. Cada uma tem seu papel importante no mundo dos negócios.

★ **VOCÊ SABIA?**

Nas civilizações antigas, como na Grécia e em Roma, ânforas eram usadas para guardar e transportar líquidos. Ânforas eram grandes vasos de barro também usados para armazenar azeites e cereais. Fortes e versáteis, foram uma das primeiras maneiras de garantir que o vinho pudesse ser transportado por longas distâncias sem perder a qualidade. As ânforas eram feitas de argila e tinham um formato especial, com um corpo grande e uma base estreita, o que facilitava encaixá-las em prateleiras nos navios. Além disso, eram ótimas para manter a temperatura dos líquidos estável, o que é crucial para conservar o vinho. A argila ajudava ainda na micro-oxigenação natural, o que fazia o vinho envelhecer gradualmente e melhorar seu sabor (Sorentino, 2024).

A embalagem

Quando falamos de logística, falamos de movimentação, armazenagem e, principalmente, da integridade das cargas a serem movimentadas. A embalagem tem um papel fundamental nesse processo. A primeira função de uma boa embalagem é a de proteger o produto, sendo adaptada e desenvolvida para a modalidade de transporte em que será utilizada, considerando também a sua funcionabilidade no armazenamento e manuseio durante o transporte utilizado, visando atender aos requisitos dos clientes e dos mercados. As embalagens são classificadas em:

- Embalagem primária: é aquela que envolve diretamente o produto e o protege. É a unidade menor de consumo e geralmente é vendida como potes, latas, sacos, garrafas, etc. Funções: identificar o produto (tipo, peso, validade etc.); mostrar a marca e os benefícios do produto; proteger o conteúdo; ser prática para colocar nas prateleiras.
- Embalagem secundária: é um agrupamento de várias embalagens primárias. Podem ser usados engradados, caixas ou embalagens plásticas para estocar. Funções: suportar o manuseio e o empilhamento nos depósitos; ter uma boa aparência e padronização.
- Embalagem terciária: agrupa as embalagens secundárias para transporte. Geralmente, são paletes e contêineres. Funções: permitir armazenamento eficiente sem desperdiçar espaço; ser empilhável e resistente a choques, umidade, luz solar, temperaturas extremas e instabilidade durante o transporte.

Além dessas funções, a embalagem possui um impacto muito importante no mercado internacional, que é ser adaptada à cultura local no que diz respeito a cores, formatos, idiomas, informações técnicas, etc., o que chamamos de aspectos mercadológicos. A adaptação da embalagem utilizada no mercado interno para o externo é de extrema importância, podendo decidir o fracasso ou o sucesso do projeto.

Como consumidores, podemos notar que a embalagem é usada uma única vez. Ela é retirada antes do uso do produto ou é descartada quando ele acaba. Em ambos os casos, a embalagem é temporária. Devido ao alto consumo e à obsolescência programada, estamos consumindo e descartando mais e mais a cada dia, o que leva a um grande problema: o desperdício de embalagens e a geração de resíduos.

★ VOCÊ SABIA?

O plástico verde, conhecido como polietileno verde ou "I'm Green", da Braskem, é feito de uma matéria-prima renovável: a cana-de-açúcar. Ele tem as mesmas propriedades do polietileno comum, que é proveniente do petróleo, mas com a vantagem de usar uma fonte sustentável, renovável e não finita. Em outras palavras, o plástico verde é uma opção ecológica que ajuda a preservar os recursos naturais, já que não depende de matéria-prima finita como o petróleo.

Muitas empresas e organizações estão buscando alternativas renováveis e sustentáveis para as embalagens tradicionais, materiais que possam ser reutilizados, reciclados e decompostos de forma segura e completa. Com a propagação da consciência ambiental, a embalagem tornou-se um fator de decisão entre fornecedores com produtos similares. Podemos dizer que hoje a embalagem é tão importante quanto o produto. Do que adianta um produto de alta tecnologia se ele chega em uma embalagem inapropriada, feita de materiais que causarão danos ao meio ambiente? Ninguém deseja importar lixo. Não obstante, as empresas hoje são analisadas e catalogadas de acordo com o seu processo de fabricação e os materiais utilizados, tanto nos seus produtos como em suas embalagens.

Assim, há uma busca por soluções que reduzam o impacto ambiental das embalagens e promovam a sustentabilidade.

Embalagem sustentável é aquela que usa materiais sustentáveis em sua confecção, com o objetivo de proteger o produto e o meio ambiente. Isso ajuda a reduzir o peso e a garantir que o produto chegue bem e seja armazenado corretamente. Para ser sustentável, é importante ser eficiente em todas as etapas, desde a produção até o descarte da embalagem e do produto. Sustentabilidade significa melhorar sempre, usando novas tecnologias e acompanhando as mudanças na sociedade, na economia e no mercado. O objetivo é distribuir o produto de forma eficiente, garantir a segurança do consumidor, facilitar o uso e reduzir o desperdício e os resíduos. A embalagem sustentável deve ser reciclável ou reutilizável para evitar impactos negativos ao meio ambiente e, se possível, estender sua vida útil. Designers de muitas empresas estão criando maneiras de prolongar a vida útil das embalagens, evitando que sejam descartadas logo após o seu uso. Esse é o caminho para uma embalagem que respeita o meio ambiente e atende às necessidades do mercado, tanto no Brasil quanto no exterior.

Unitização de cargas

Dando sequência ao assunto, como podemos agrupar as embalagens e os produtos? Utilizando uma técnica chamada unitização. Uma carga unitizada é a unidade básica de armazenamento e transporte disposta em um suporte modular ou em embalagem (caixa, palete, contêiner, etc.) para garantir manuseio, transporte e armazenagem eficientes. Por meio de equipamentos de movimentação, minimiza a utilização de mão de obra, tornando a operação mais rápida, segura e eficiente. A padronização das embalagens facilita o processo de unitização, pois os meios de transporte e armazenagem hoje são construídos em medida padrão para poder acondicionar os tipos mais comuns de embalagens. Duas técnicas de unitização são mais utilizadas: paletização e contêineres.

Figura 8.1 – Tipos de unitização de carga: palete e contêiner

Paletização

É o uso de paletes para mover, guardar e armazenar produtos. Um palete é uma plataforma padronizada, geralmente de madeira, mas também pode ser de metal, plástico, fibra ou outros materiais. É uma estrutura horizontal em que a carga é empilhada e mantida estável. Os paletes são feitos para serem movidos por empilhadeiras, veículos com garfo e guindastes. É uma forma de unitização popular e amplamente utilizada. Existem vários tipos comuns de paletes, cada um com suas características específicas.

Figura 8.2 – Paletização

Os paletes PBR (palete padrão brasileiro) têm um custo considerado baixo e, quando associados ao tempo de uso, variedade de aplicações e valores transportados, são vistos como úteis e adequados. São o modelo padrão indicado para movimentação e armazenamento de mercadorias no Brasil. Esse modelo se espalhou por toda a cadeia de distribuição, desde os fabricantes até os supermercados, facilitando a manutenção, o estoque, a comercialização e a troca entre usuários de diversos setores industriais e comerciais.

O palete PBR é robusto e pode ser usado em situações extremas. No entanto, o manuseio correto é essencial para sua durabilidade e para a redução de custos na cadeia de distribuição. Se utilizado corretamente, o palete pode durar mais de cinco anos. Não deve ser girado ou movido sem equipamentos adequados, nem sofrer quedas ou impactos diretos. Esses cuidados garantem a eficiência e a economia no uso dos paletes ao longo do tempo.

Contêiner

Em 1956, Malcom McLean inventou o contêiner de transporte. Antes disso, todas as mercadorias eram carregadas manualmente em sacos, barris e caixas de madeira diretamente nos navios, um processo chamado de carga fracionada ou break-bulk. Esse método podia levar até três semanas para carregar e descarregar um navio. Hoje, graças ao contêiner, esse processo pode ser feito em apenas 24 horas.

Malcom McLean, um empresário dos Estados Unidos, revolucionou o transporte e o comércio global. Ele queria encontrar um jeito rápido e eficiente de carregar toda a carga de sua empresa de caminhões em um navio. Junto com o engenheiro Keith Tantlinger, ele desenvolveu o primeiro contêiner de transporte, que eliminou o desperdício de espaço e reduziu drasticamente o tempo de carregamento e descarregamento. A grande mudança que o contêiner trouxe foi o transporte fácil de cargas por rodovias, ferrovias e mares. Isso marcou uma nova era no transporte de mercadorias. O primeiro navio porta-contêineres, um petroleiro da Segunda Guerra Mundial chamado Ideal X, navegou, em 1956, de Newark para Houston (Estados Unidos), carregando 58 contêineres.

Em 1968, a International Standards Organization (ISO) padronizou os contêineres, definindo suas dimensões em 20 pés de comprimento, 8 pés de altura e 8 pés de largura ou em 40 pés de comprimento, 9,6 pés de altura e 8 pés de largura. Essa padronização permitiu o redesenho dos navios, trens e caminhões para se adaptarem às dimensões dos contêineres, reduzindo custos de transporte e facilitando a fabricação de mercadorias em diferentes partes do mundo.

A conteinerização transformou portos, redes ferroviárias, navios, cidades e países, tornando o contêiner de transporte um dos maiores motores da globalização. Hoje, navios modernos podem transportar mais de 20.000 contêineres. O MSC Tessa, o maior navio porta-contêineres do mundo, pode carregar até 24.116 TEU (twenty-foot equivalent unit, ou unidades equivalentes a vinte pés). Atualmente, existem cerca de 20 milhões de contêineres na água, viajando entre países. Mais de 90% dos itens que compramos cotidianamente são transportados em contêineres.

O comércio internacional enfrenta novos desafios para acompanhar a demanda. Mesmo com enormes portos e infraestruturas em funcionamento, o problema está na complexidade dos processos manuais e no número de partes envolvidas em cada remessa. As principais características da conteinerização são:

- A carga permanece segura dentro de uma caixa de metal (contêiner) e não é necessária embalagem adicional, ao contrário da paletização.
- Tem tempo de resposta mais rápido para navios devido à mecanização do manuseio de contêineres. Os navios deixam os portos poucas horas após a chegada, o que antes era impossível.
- Um único navio pode transportar milhares de contêineres de carga, beneficiando-se assim das economias de escala.
- Os portos tornaram-se mais avançados no manuseio desses contêineres, contribuindo para seu desenvolvimento geral.

Entendendo a unitização

Unitização é o processo de agrupar várias unidades menores em uma maior, o que ajuda a organizar e embalar os produtos de forma mais rápida e eficiente, facilitando o manuseio e o transporte. Seus principais benefícios são: redução de custos (menos tempo e mão de obra para manusear os produtos); maior segurança (produtos ficam mais protegidos e sofrem menos danos, pois são menores as chances de avarias); facilidade no transporte (a unitização geralmente envolve agrupar a carga em um palete, envolvê-la e depois colocá-la em um contêiner maior. As unidades maiores são mais fáceis de manusear com máquinas, como empilhadeiras). Em resumo, a unitização torna todo o processo de armazenamento, embalagem e transporte mais eficiente e seguro.

A contratação de transporte internacional

O transporte internacional, ou seja, o movimento de bens de um país para outro, quando produtos cruzam as fronteiras de um país por avião, caminhão, trem ou navio, é feito por empresas de transporte e agentes de carga, que garantem que o envio seja seguro e rápido. A escolha do método e do meio de transporte internacional depende do prazo em que os bens precisam ser entregues. Por exemplo, transportar produtos perecíveis exige uma entrega rápida. A velocidade e a distância são fatores importantes na escolha do modo de transporte, portanto, a definição do modal de transporte é o primeiro passo para a concretização do transporte internacional.

De acordo com as características da carga e do prazo contratado, podemos definir o modal de transporte: marítimo, aéreo ou terrestre. A contratação se dá por meio de negociação direta com empresas transportadoras, por exemplo: Maersk e MSC no marítimo; FedEx, UPS, TAM e GOL no aéreo; Braspress, TNT, Rodonaves no terrestre. Outra forma é pela contratação de agentes de carga, por exemplo, Kuehne & Nagel, Asia Shipping e DB Schenker, que irão intermediar as negociações e contratações entre o exportador e a empresa transportadora.

O agente de carga (freight forwarder) ajuda a organizar e coordenar remessas em nome de seus contratantes, negociando e contratando uma ou mais transportadoras para transitar as mercadorias em seus diferentes modais. As principais responsabilidades de um agente de carga são:

- Analisar o processo e descobrir a melhor forma de transporte, avaliando os diferentes modais para escolher a melhor opção.
- Identificar os melhores fornecedores para os modos de transporte escolhidos.
- Preparar e emitir o documento que formaliza o envio das mercadorias.
- Acompanhar o transporte da carga para garantir que tudo está conforme o planejado.
- Estar preparado para lidar com problemas inesperados relacionados ao transporte.
- Organizar a consolidação e separação da carga conforme for necessário.
- Negociar com fornecedores para obter melhores condições sem comprometer a segurança e qualidade do transporte.
- Organizar a retirada da carga no local do remetente.
- Disponibilizar informações sobre as operações e as cargas para clientes ou órgãos fiscais quando necessário.

» Monitorar o transporte das mercadorias e fornecer atualizações sobre a posição da carga sempre que necessário.

Como podemos ver, a contratação de um agente de carga é muito importante para uma exportação segura e sem imprevistos. Outra etapa do transporte internacional é a emissão correta do conhecimento de embarque, que varia de acordo com o modal de transporte escolhido. Os dois mais importantes, quando falamos de transporte internacional, são o marítimo e o aéreo.

Bill of lading (BL): conhecimento de embarque marítimo

Um BL, ou conhecimento de embarque marítimo, é um documento legal emitido por um armador para o exportador. Ele informa quais mercadorias estão sendo enviadas, de onde vêm e para onde vão, incluindo detalhes sobre o tipo e a quantidade, além de detalhar quem são o remetente (shipper), a companhia marítima e o destinatário (consignee) e os termos do envio. As principais funções do conhecimento de embarque são:

» Ser evidência de contrato de transporte;
» Ser prova do acordo entre o exportador e a transportadora;
» Confirmar que a transportadora recebeu a carga;
» Comprovar quem é o dono da mercadoria (documento de título legal).

Depois de fazer uma reserva com o armador, o exportador deve enviar instruções de embarque com todas as informações necessárias. O armador usa essas informações para criar o conhecimento de embarque. As informações contidas no conhecimento de embarque são:

» Remetente, destinatário e/ou parte notificada;
» Descrição da carga;
» Peso da carga, número de pacotes e volume;
» Condições de pagamento;
» Porto de carregamento;
» Porto de descarga.

O conhecimento de embarque é emitido somente após o navio partir do porto de carregamento e permite que a pessoa que possui o documento reivindique a propriedade da carga. O contrato de transporte detalha as responsabilidades da transportadora e das partes envolvidas no transporte da carga. Em resumo, o conhecimento de embarque é um documento central para o transporte marítimo internacional, garantindo a legalidade e segurança das mercadorias em trânsito.

Airway bill (AWB): conhecimento de embarque aéreo

O conhecimento de embarque aéreo é um contrato entre o exportador (shipper) e a companhia aérea. Ele fornece informações importantes para o exportador, além de ser usado para rastrear a remessa, pois contém códigos de barras que a identificam eletronicamente durante o seu transporte. O AWB geralmente é anexado no exterior da remessa. Na guia aérea (AWB), existem cinco informações básicas:

1. Detalhes e endereço do exportador (shipper).
2. Detalhes e endereço do destinatário (consignee).
3. Detalhes da remessa, como peso, dimensões e descrição do conteúdo.
4. Código de barras para que o provedor de serviços de alfândega e a logística verifiquem a remessa e forneçam atualizações de rastreamento precisas durante toda a jornada.
5. Número da conta do pagador, que se refere a um número de conta e ou forma de pagamento da remessa e taxas de transporte.

Além dessas informações específicas, o AWB também abrange informações como o código de três letras do aeroporto de origem, o código de três letras do aeroporto de destino, o valor declarado da remessa para a alfândega, o número de peças e quaisquer outras instruções especiais.

Outros modais de transporte também utilizam conhecimentos de embarque específicos:

- Rodoviário – CRT (conhecimento de transporte rodoviário).
- Ferroviário – TIF/CTF (conhecimento de carga ferroviária).
- Multimodal – (throughbill of lading).

O transporte internacional envolve conhecimento, bons parceiros e decisões acertadas quanto ao modal, visando atender às exigências do exportador/importador e respeitando os objetivos de eficiência e menor custo, sem comprometer a qualidade e a segurança do transporte.

Programando os fluxos logísticos na exportação

Assim como o fluxo da cadeia de suprimentos, o fluxo logístico para exportação segue uma sequência que demanda atenção em todas as suas etapas. O fluxo da cadeia de suprimentos consiste em: matérias-primas e sistema de manufatura (logística de suprimentos), recebimento, estocagem, produção (logística de processos), estocagem e expedição/distribuição (logística de distribuição). Quando visualizamos o processo/fluxo de exportação, damos sequência ao fluxo da cadeia de suprimentos, em que as mercadorias seguem seu destino a partir da logística de distribuição. Ao invés de seguirem para o mercado interno, seguirão para o seu destino internacional (veja item 11 a seguir).

Fluxo de exportação

1. Procurar possíveis compradores fora do país.
2. Certificar-se de que a exportação segue as regras nacionais e internacionais.
3. Registrar a empresa como exportadora na Receita Federal.
4. Entrar em contato com o comprador, apresentar sua empresa e seu produto.
5. Calcular o preço de acordo com o incoterm negociado, geralmente indicado pelo importador.
6. Estabelecer o preço final, a forma de pagamento, a entrega e a embalagem.
7. Enviar uma fatura proforma para o importador analisar e confirmar o pedido.
8. Esperar a confirmação do comprador, que pode vir como um pedido de compra (purchase order).

9. Verificar se o produto precisa de uma licença de exportação (LPCO).
10. Cadastrar a exportação no portal Siscomex e registrar a Declaração única de exportação (DU-E).
11. Produzir o produto para ser entregue no prazo combinado.
12. Contratar uma empresa de transporte internacional, seja armador ou agente de carga.
13. Contratar um despachante aduaneiro.
14. Preparar e emitir documentos fiscais, comerciais (como fatura comercial e packing list) e financeiros.
15. Finalizar a transação de câmbio com o banco autorizado.
16. Monitorar a chegada do produto no destino.
17. Receber o pagamento pelo banco autorizado no país de destino.

Para atender ao fluxo operacional citado anteriormente, é necessária a elaboração e emissão dos seguintes documentos:

- fatura proforma (proforma invoice);
- fatura comercial (commercial invoice);
- romaneio (packing list);
- conhecimento de embarque;
- certificado de origem;
- certificado ou apólice de seguro de transporte;
- carta de crédito;
- nota fiscal de exportação (NF-E);
- declaração única de exportação (DU-E);
- comprovante de exportação (CE);
- contrato de câmbio.

O gerenciamento do processo de exportação é tão importante quanto seguir os passos operacionais para uma exportação de sucesso. Exportar envolve pessoas, processos e o fluxo de informações e mercadorias. Gerenciar com conhecimento e habilidade – simplificar os processos dentro da empresa, coordenar a equipe de diferentes departamentos ou funções – faz toda a diferença em uma operação internacional. Todos os dados e documentos devem estar disponíveis para as equipes envolvidas, a fim de evitar erros; é essencial que os diferentes departamentos trabalhem juntos, enxergando todo o processo como um único fluxo. É importante reduzir o uso de papel e métodos manuais, dando preferência a ferramentas digitais, pois é fundamental responder aos clientes com agilidade, fornecendo informações precisas sobre os pedidos e as entregas; além de acompanhar todo o processo de exportação em tempo real, vendo-o como um todo, sem fragmentação ou departamentos, pois todos são responsáveis pelo sucesso da operação. Isso é essencial para detectar e resolver qualquer problema imediatamente. A confiança do importador nunca deve ser abalada.

Como vimos, exportar exige preparação, conhecimento, estrutura, profissionais competentes e parcerias confiáveis e duradouras. O trabalho de cada etapa é importante para o processo total, tornando-se, assim, um trabalho em que todos são responsáveis pelo sucesso da operação. Veja a seguir o fluxograma de exportação:

1. Planejamento.
2. Pesquisa de mercado.
3. Negociação com o importador (preço, prazo, NCM, pagamento, incoterms).
4. Elaboração da fatura proforma.
5. Envio da fatura proforma ao importador.
6. Importador vai ao banco e solicita abertura da carta de crédito (L/C).
7. Exportador analisa a carta de crédito.
8. Exportador elabora a fatura comercial.
9. Exportador prepara mercadoria para embarque.
10. Exportador elabora o packing list.
11. Exportador emite a nota fiscal.
12. Exportador providencia o pré-transporte até o porto.
13. Exportador solicita o despacho aduaneiro.
14. Pagamento do frete e seguro pelo exportador.
15. Recebimento de conhecimento de embarque (B/L).
16. Desembaraço e averbação junto à SRF.
17. Emissão do comprovante de exportação.
18. Exportador consolida toda a documentação.
19. Exportador contrata o câmbio.

20. Exportador entrega a documentação ao banco.
21. Exportador liquida o câmbio e recebe os reais.
22. Exportador envia carta de agradecimento.

Programando os fluxos logísticos na importação

Importar significa receber bens, serviços ou matérias-primas que foram produzidos ou são originários de outro país. Cada país possui suas particularidades na importação em três principais campos: administrativo, fiscal-tributário e financeiro (cambial). Um país pode receber bens manufaturados, matérias-primas e serviços em suas fronteiras por meio de navios, aviões, trens, caminhões, oleodutos e pela internet.

A seguir, a sequência básica dos passos para uma importação segura:

1. Registrar a empresa no Sistema Integrado de Comércio Exterior (Siscomex) como importadora.
2. Definir quais produtos serão importados, verificando se não há similares no Brasil.
3. Encontrar fornecedores em outros países.
4. Verificar no Siscomex os requisitos administrativos para os produtos escolhidos.
5. Se necessário, solicitar a licença de importação (LI) no Siscomex.
6. Identificar a Nomenclatura Comum do Mercosul (NCM) para os produtos. Esta é, sem dúvida, uma das partes mais importantes do processo de importação. A correta classificação da mercadoria ou serviço define as melhores práticas tributárias sobre a operação.
7. Calcular os custos da operação, incluindo frete nacional e internacional, seguros, impostos de importação, taxas sobre produtos industrializados, tarifas portuárias, custos de armazenamento e outros tributos alfandegários. Este cálculo mostrará a viabilidade ou não da importação, sendo um ponto de decisão.
8. Estabelecer os incoterms que determinam os direitos e responsabilidades do importador e do exportador. Este item é negociável entre as partes.

9. Reunir todos os documentos necessários para a fiscalização e liberação da carga.
10. É aconselhável contratar um despachante aduaneiro, caso a empresa não possua um departamento de comércio exterior.

A burocracia e a morosidade nos processos de importação tornaram-se um entrave para os exportadores com bens e serviços destinados ao Brasil. Para sanar este problema, a partir de 2024, a Receita Federal instituiu um novo sistema para simplificar o processo e controle das importações, o Novo Processo de Importação (NPI), um programa do Governo Federal criado para tornar mais ágeis, modernos e eficientes os processos de importação, visando atender à demanda dos importadores brasileiros e, consequentemente, dos exportadores que têm como destino o Brasil. O resultado imediato da implementação do NPI é a redução dos prazos e custos nos processos de importação e a melhora na gestão da Receita Federal e de seus órgãos de controle nos processos de importação.

O sistema proporciona um fluxo único das informações, seguindo o mesmo modelo implementado para a exportação, por meio da Declaração Única de Exportação (DU-E). O NPI concentra todas as informações e tratativas entre o importador e os órgãos de controle, visualizadas e trocadas em um único ambiente. A principal novidade no NPI é a Declaração Única de Importação (Duimp), um documento eletrônico que junta e automatiza todas as informações aduaneiras, comerciais e fiscais do processo de importação. Ela substitui a Declaração de Importação (DI) e a Declaração Simplificada de Importação (DSI).

Os benefícios diretos da implementação da Duimp são: redução dos prazos de desembaraço e liberação das importações; significativa redução de custos; simplificação do processo, proporcionando agilidade e confiança nas informações, maior confiabilidade e previsibilidade, acompanhando todo o processo e gerenciando os prazos com maior assertividade.

Ao descomplicar o processo de importação, torna-se mais comum encontrar fornecedores interessados em exportar para o Brasil, o que facilita as operações bilaterais entre os países envolvidos. Veja a seguir o fluxograma de importação:

1. Planejamento.
2. Contato com potenciais vendedores.
3. Identificação de NCM, tratamento administrativo e tributário.
4. Estimar o custo da importação.
5. Negociar com o exportador as condições de venda (incoterms), contratação de frete e seguro.
6. Recebimento de fatura proforma e licença de importação.
7. Negociar pagamento: antecipado, sem saque, carta de crédito, etc.
8. Fechar negócio e confirmação com o exportador de fatura proforma.
9. Autorizar embarque de mercadoria ao exportador.
10. Desembarque e chegada de mercadoria.
11. Contrato de despachante para despacho aduaneiro junto à Receita Federal do Brasil.
12. Solicitação de despacho aduaneiro.
13. Emissão de declaração de importação.
14. Contratação do câmbio para pagamento ao exportador.

☛ Arrematando as ideias

Neste capítulo, verificamos que a logística é parte importante nos processos internacionais. A embalagem é um fator decisivo na escolha de fornecedores e de seus produtos, bem como a segurança e a integridade da carga durante o seu transporte. O processo de unitização de cargas proporciona melhor aproveitamento de espaço e economia de mão de obra, sem contar a drástica redução de avarias e acidentes durante os processos de carga, descarga e de transporte. E os fluxos das operações de importação e de exportação contam com profissionais capacitados e parceiros que juntos buscam o melhor resultado das operações, transmitindo confiança aos importadores.

9 Gestão financeira dos negócios internacionais

Gestão financeira internacional é a prática de gerenciar recursos financeiros e riscos em um cenário global. Isso significa cuidar bem dos recursos financeiros e tomar decisões inteligentes em um ambiente no qual as taxas de câmbio, os investimentos estrangeiros e os mercados internacionais são muito importantes e podem afetar diretamente os resultados. O principal objetivo é aumentar o valor dos acionistas, aproveitando as oportunidades disponíveis em outros países e reduzindo os riscos que acompanham as transações internacionais.

A gestão financeira internacional é muito importante, especialmente no mundo conectado de hoje. Veja alguns pontos a serem considerados:

- **Expansão global:** as empresas estão cada vez mais procurando crescer e operar em outros países.
- **Gestão de riscos:** transações internacionais trazem vários riscos, como variações nas taxas de câmbio, instabilidade política e mudanças econômicas.
- **Oportunidades de investimento:** é importante encontrar e avaliar boas oportunidades de investimento em diferentes países, de modo a usar o capital da melhor forma e obter maiores lucros.
- **Conformidade regulatória:** cada país tem suas próprias regras financeiras, então as empresas precisam estar atentas e seguir essas regulamentações.

Veremos, a seguir, os diversos ângulos da gestão financeira internacional, tendo como base o Brasil, seus métodos, suas regras e estratégias.

Gestão financeira no Brasil × negócios internacionais: sistemática de pagamento e recebimento em moedas estrangeiras

No mundo interconectado de hoje, a troca de moedas é importante nas finanças internacionais, abrangendo desde viagens pessoais e compras on-line até investimentos corporativos multinacionais. Assim como utilizamos a moeda para trocas entre produtos e serviços no mercado doméstico, o mesmo acontece nas operações internacionais de exportação e importação. De uma maneira mais complexa, com diversas variáveis, a troca de moedas entre um país e outro é chamada de câmbio.

O que é câmbio?

Câmbio é o ato de trocar o dinheiro de uma moeda para outra quando se faz um pagamento internacional. Isso acontece para enviar dinheiro de um remetente (quem manda) para um destinatário (quem recebe). Por exemplo, uma empresa precisar pagar seus fornecedores, que estão em outro país. Para isso, ela utiliza operações de câmbio, em que o dinheiro é trocado usando uma plataforma de câmbio, pagamentos de moeda estrangeira ou um banco. Normalmente, esse serviço cobra uma taxa.

Sem o câmbio, fazer negócios entre países seria praticamente impossível, já que empresas e pessoas precisam de uma forma de converter o dinheiro para outras moedas e concluir suas transações sem problemas. O câmbio pode acontecer em diversos lugares, como bancos, aeroportos, plataformas digitais e até mesmo em sistemas de troca direta. Os bancos e serviços de câmbio tradicionais oferecem serviços padronizados e frequentemente regulamentados, enquanto as plataformas on-line são mais convenientes e podem ter taxas menores.

Entender bem os sistemas e as opções de câmbio ajuda as empresas a tomar decisões mais acertadas, evitar taxas altas e gerenciar melhor os riscos com as variações das moedas. Como um dos pilares da economia global, o câmbio permite que as pessoas viajem, façam negócios e invistam em outros países, promovendo a conectividade financeira em todo o mundo.

No Brasil, as operações de câmbio são regulamentadas pelo Conselho Monetário Nacional (CMN) e executadas pelo Banco Central. O mercado de câmbio está inserido no Sistema Financeiro Nacional, que é dividido em quatro grandes segmentos: mercado monetário (fornece o papel moeda e moeda escritural, que utilizamos para depósitos em conta corrente), mercado de crédito (fornece recursos para empresas e pessoas), mercado de capitais (capta recursos de terceiros e compartilha ganhos e riscos associados a estas transações) e mercado de câmbio (basicamente, compra e venda de moeda estrangeira).

Como funciona o mercado de câmbio?

Quando falamos de mercado de câmbio, estamos falando da troca de moedas de diferentes países, como o real e o dólar, que são chamadas de divisas. Essa troca é usada em pagamentos, recebimentos, investimentos e outras operações.

O mercado de câmbio tem dois tipos principais:

» Primário: entram e saem moedas estrangeiras; feito por quem importa ou exporta produtos e por turistas.
» Secundário: bancos autorizados pelo Banco Central fazem as trocas.

As trocas de moedas sempre acontecem em pares. Por exemplo, se você quer comprar dólares, precisa dar reais em troca. O mercado de câmbio funciona 24 horas por dia, cinco dias por semana, começando no domingo à noite com os mercados asiáticos e terminando na sexta-feira com o fechamento nos Estados Unidos.

O valor das moedas sobe e desce (flutua) dependendo de quanto as pessoas querem comprar ou vender. O Banco Central ajuda a regular o mercado, mas o Brasil usa o sistema de câmbio flutuante. Isso quer dizer que o Banco Central não decide diretamente o preço do dólar, mas garante que o mercado funcione de forma segura para a economia interna. Quando a economia fica instável, o Governo pode mexer nos juros para evitar problemas, como a inflação. Juros altos, por exemplo, podem atrair investidores e valorizar a moeda, mas também podem frear o crescimento econômico.

Tipos de cotações de dólar:

- Dólar comercial: usado para grandes negócios, como importação e exportação, e transações financeiras de empresas.
- Dólar turismo: é o que compramos em casas de câmbio para viajar, pagar passagens ou usar no cartão de crédito.
- Dólar PTAX: uma referência calculada pelo Banco Central, usada em importações, exportações e análises econômicas.

É curioso descobrir que o dólar turismo é mais caro que o dólar comercial. Isso acontece porque o dólar turismo tem custos maiores, já que envolve dinheiro físico, transporte e outras taxas. PTAX é uma taxa média que o Banco Central calcula com base nas cotações de bancos autorizados como Bradesco, Itaú, Santander, entre outros (os chamados dealers). O Banco Central faz consultas em quatro horários diferentes do dia: entre 10h e 10h10; 11h e 11h10; 12h e 12h10 e 13h e 13h10. Cada banco manda uma taxa de compra e uma de venda. O Banco Central descarta as maiores e menores taxas e faz uma média. O resultado é divulgado no Sistema PTAX e no site do Banco Central. Para pagamento no comércio exterior, as opções são:

- Pagamento antecipado: é quando um importador paga ao exportador uma parte ou o valor total de um contrato antes que os bens ou serviços sejam entregues. Também é conhecido como pré-pagamento ou pagamento inicial.
- Remessas em saque: é uma forma de pagamento em que o comprador (importador) recebe os documentos para liberar a mercadoria, resolve a parte burocrática na alfândega e só então faz o pagamento para o vendedor (exportador), ou seja, libera os produtos primeiro e paga depois.
- Cobrança documentária: é um tipo de pagamento cujos documentos de exportação são enviados por meio de bancos intermediários. Isso ajuda a agilizar o processo, garantindo segurança e economizando tempo para as empresas que exportam.

- Carta de crédito (L/C): é um método seguro de garantir que o exportador receba o pagamento, comum em transações internacionais. Essa modalidade é ideal em situações de alto risco, como instabilidade comercial ou política, pois oferece segurança para ambas as partes. Funciona da seguinte forma:
    - Emissão da carta: o banco emite a carta de crédito em favor do exportador.
    - Garantia de pagamento: garante que o importador pagará, desde que o exportador cumpra todas as exigências documentais.
    - Benefícios para o exportador: garante que ele receberá o pagamento se a mercadoria for entregue conforme o combinado.
    - Benefícios para o importador: garante que ele só pagará se a mercadoria estiver de acordo com o que foi negociado.
- Forfaiting: é um tipo de financiamento comercial em que exportadores podem vender suas contas a receber para um banco ou instituição financeira em troca de dinheiro na hora. Assim, o exportador recebe o valor imediatamente e não precisa se preocupar com o risco de não receber o pagamento, pois esse risco é passado para a instituição financeira, chamada de forfaiter.

Cuidados na análise dos tributos envolvidos na importação

Impostos de importação são cobranças feitas sobre produtos que chegam de outros países. Esses impostos têm funções importantes, como ajudar a equilibrar o comércio entre os países e proteger as empresas que produzem dentro do próprio país. Às vezes, eles também são usados como sanção contra outros países. Os impostos aumentam o custo de produtos importados, o que afeta os lucros e a estratégia de preços das empresas. Antes de escolher fornecedores ou parceiros internacionais, as empresas precisam considerar esses custos, que podem mudar em virtude de acordos entre países ou decisões políticas. Assim, é importante sempre se atentar às mudanças nas regras. As empresas devem incluir os

impostos de importação no planejamento de suas cadeias de suprimentos a fim de reduzir custos e evitar riscos, escolhendo as melhores opções para compra e venda.

Quando os impostos são bem administrados, as empresas economizam e podem oferecer melhores preços, o que as torna mais competitivas. Cumprir as regras de importação demonstra seriedade e responsabilidade. Manter registros organizados, preencher documentos no prazo e acompanhar as mudanças nas leis fortalece a transparência nas negociações. Os impostos de importação não são apenas cobranças, mas parte essencial do comércio internacional. Gerenciar bem esses custos ajuda as empresas a competir melhor, evitar problemas e aproveitar oportunidades no mercado global.

O ponto-chave na administração e no gerenciamento dos impostos e tarifas da importação é o conhecimento da Nomenclatura Comum do Mercosul (NCM), uma nomenclatura local para categorizar as mercadorias do Brasil, Argentina, Paraguai e Uruguai, utilizada em todas as transações internacionais entre os países do Mercosul. Basicamente, os códigos 7 e 8 são aplicados a produtos comuns entre os países integrantes do Mercosul para uma categorização mais precisa e a fim de evitar enganos e identificações errôneas sobre os produtos comercializados entre os países integrantes.

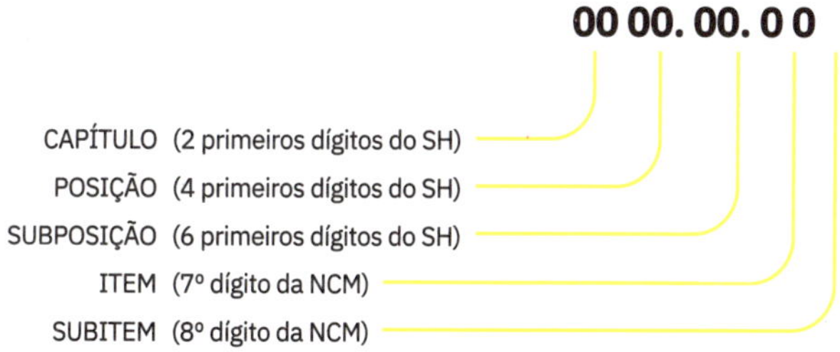

Figura 9.1 – Classificação dos códigos na NCM
Fonte: adaptado de Siscomex ([s. d.]).

A NCM tem como base o SH (sistema harmonizado, também encontrado pela sigla HS, harmonized system, em inglês), sistema padronizado de números e nomes usados para classificar produtos comercializados em mais de 200 países ao redor do mundo. Os códigos SH são compostos por seis dígitos estruturados em capítulo (os dois primeiros dígitos), posição (os quatro primeiros dígitos) e subposição (os seis dígitos completos).

Figura 9.2 – Estrutura do código SH

A NCM é um código fundamental para o processo de importação, sendo responsável pela classificação correta das mercadorias. Essa classificação é estratégica, pois evita problemas burocráticos, permite o aproveitamento de benefícios fiscais e influencia diretamente na velocidade e nos custos das importações. A utilização correta do NCM é essencial para que o importador possa usufruir de reduções ou isenções fiscais. Para isso, é necessário que as mercadorias sejam classificadas de acordo com os códigos que possuem esses benefícios. Esse processo, que é de responsabilidade do importador, deve ser feito de forma transparente e precisa, a fim de agilizar o despacho aduaneiro e evitar atrasos ou questionamentos pelas autoridades.

Embora pareça simples, na prática, a classificação de mercadorias pode se tornar complexa. As autoridades podem questionar o código utilizado e o importador deve estar preparado para justificá-lo adequadamente. Resolver dúvidas e evitar erros no uso do NCM é uma etapa crucial para o sucesso nas operações de importação, garantindo conformidade, redução de custos e eficiência no comércio internacional.

Tributos e incentivos na exportação

Normalmente, os governos evitam cobrar impostos sobre os produtos que são vendidos para outros países. Isso é feito para garantir que esses produtos continuem competitivos no mercado internacional. Por isso, é comum que os produtos destinados à exportação sejam isentos de impostos indiretos, incluindo aqueles aplicados aos materiais usados na sua produção, como matérias-primas, embalagens, partes e peças. De acordo com as regras da Organização Mundial do Comércio (OMC), essa prática não é considerada um subsídio à exportação. Visando alcançar maior competitividade no mercado internacional, o exportador brasileiro dispõe de incentivos fiscais e tributários que permitem tornar o preço de exportação mais competitivo, sem avançar em um campo polêmico que é o do subsídio governamental.

- **IPI (imposto sobre produtos industrializados):** é um imposto federal que incide sobre o valor agregado ao produto. Quando o fabricante compra os materiais necessários para produzir, ele registra como crédito o valor do IPI indicado nas notas fiscais. Depois, ao vender o produto, deve registrar o valor do IPI como débito. O valor do IPI que o fabricante precisa pagar é a diferença entre os créditos e os débitos registrados.

» **ICMS (imposto sobre circulação de mercadorias):** é um imposto estadual com uma porcentagem fixa, exceto em alguns casos específicos, também aplicado sobre o valor agregado ao produto. O processo de cálculo e registro segue o mesmo modelo usado no IPI.

Vale mencionar que, nas modalidades de exportação direta e indireta, os incentivos seguem as seguintes regras:

» **Exportação direta (feita diretamente pela empresa exportadora):** neste caso, o produto exportado não precisa pagar o IPI e não há cobrança de ICMS. Além disso, é possível manter os créditos fiscais dos materiais usados na produção. Como o ICMS varia de estado para estado, é indicado verificar o processo junto às autoridades fiscais estaduais, especialmente se houver créditos a receber ou materiais comprados de outros estados.

» **Exportação indireta (feita por meio de uma empresa comercial exportadora – trading company – ou consórcio de exportação):** é tratada da mesma forma que a exportação direta no que diz respeito à isenção do IPI e do ICMS.

» **COFINS (Contribuição para o Financiamento da Seguridade Social):** as exportações de produtos fabricados, semielaborados, primários e de serviços estão isentas de pagar a COFINS, cuja alíquota de 7,6% é cobrada sobre o faturamento das empresas no mercado interno. Essa isenção também se aplica às exportações indiretas.

» **PIS (Programa de Integração Social):** as exportações de produtos fabricados, semielaborados e primários estão isentas de pagar o PIS, cuja alíquota de 1,65% incide sobre a receita operacional bruta no mercado interno. Essa isenção se aplica às vendas do fabricante para as trading companies, mas não para vendas a comerciais exportadoras, cooperativas, consórcios ou entidades semelhantes.

» **Drawback:** é um benefício que permite às empresas receberem descontos ou isenções de impostos e tarifas sobre produtos que foram importados para o Brasil e depois exportados novamente. Isso inclui matérias-primas importadas para a fabricação de produtos que serão vendidos para outros países. O principal objetivo do drawback é reduzir os impostos e aumentar a competitividade e lucratividade das empresas, refletidas no preço final da exportação. O drawback funciona como um reembolso ou a isenção de impostos cobrados sobre bens importados, de acordo com as regras aduaneiras brasileiras. Normalmente, tanto as importações quanto as exportações são tributadas, mas o drawback busca aliviar essa carga tributária para as empresas que importam materiais para a produção de bens e depois exportam esses produtos. Os materiais que recebem o benefício do drawback não precisam ser exportados exatamente como chegaram; eles podem ser transformados ou utilizados na fabricação de outros produtos.

O principal objetivo do drawback é ajudar os fabricantes brasileiros a competir de forma mais justa no mercado internacional. Ao reduzir os custos com impostos, as empresas podem oferecer seus produtos a preços mais competitivos, fortalecendo sua posição em relação a outros países. As três modalidades principais de drawback são:

- **Isenção:** isenção total dos tributos na importação de insumos usados para produzir mercadorias exportáveis. Ex: uma confecção importa tecidos utilizados em roupas que serão exportadas, sem o pagamento dos tributos de importação.
- **Suspensão:** suspensão dos tributos na importação de insumos utilizados na fabricação de produtos que serão exportados. Os tributos só são pagos se os produtos forem vendidos no mercado interno. Ex: uma empresa de eletrônicos importa componentes com tributos suspensos. Ela atende ao mercado interno e externo. A parte da produção destinada ao mercado interno pagará os tributos proporcionalmente e a destinada à exportação não precisará pagá-los.
- **Restituição:** restituição dos tributos pagos na importação de insumos quando os produtos são exportados. Ex: uma montadora

de veículos importa peças e paga tributos. Quando os veículos são exportados, os tributos pagos são restituídos.

Outro grande incentivo para o exportador brasileiro são as linhas de crédito oferecidas pelo Governo (Brasil, 2011), entre elas:

- » **BNDES Exim:** linha de crédito do Banco Nacional de Desenvolvimento Econômico e Social (BNDES) para financiar a exportação de bens e serviços brasileiros em condições competitivas.
- » **Adiantamento sobre Contrato de Câmbio (ACC) e Adiantamento sobre Cambiais de Exportação ou Cambiais Entregues (ACE):** o ACC é uma antecipação de recursos em moeda nacional (real) ao exportador, por conta de uma exportação a ser realizada no futuro. O ACE é uma antecipação de recursos em moeda nacional (real) ao exportador, após o embarque da mercadoria para o exterior, mediante a transferência ao banco dos direitos sobre a venda a prazo.
- » **Programa de Financiamento às Exportações (PROEX):** principal instrumento público de apoio às exportações brasileiras de bens e serviços, gerido exclusivamente pelo Banco do Brasil.

Além de todos os benefícios e incentivos citados, o Brasil vem construindo uma política sólida de exportação, promovendo a cultura exportadora e desmitificando a imagem de que exportar é difícil e custoso. Os ganhos auferidos pelas empresas exportadoras são imensamente maiores nos seguintes aspectos: receita e expansão de mercado; eficiência e redução de custos; economia de recursos e possibilidade de reinvestimento; satisfação do cliente e fidelidade; desenvolvimento organizacional e adaptação às mudanças; competitividade e reconhecimento da marca; estabilidade e diversificação de riscos; inovação e vantagem competitiva.

Como mitigar riscos nas modalidades de pagamento na importação

Para diminuir os riscos ao pagar por mercadorias importadas, é importante seguir algumas práticas simples e seguras. O conhecimento de todo o processo é essencial para assegurar o bom andamento da importação e suas fases.

- » **Carta de crédito (L/C):** um documento emitido por bancos que garante o pagamento ao exportador assim que ele apresentar os documentos corretos. Isso protege contra o risco de não pagamento.
- » **Seguro:** contratar um seguro que cubra problemas como falta de pagamento e falência.
- » **Pagamento antecipado:** essa forma de pagamento é mais arriscada, mas pode ser usada em transações de menor valor ou com fornecedores confiáveis. Como já mencionado, o conhecimento de todas as etapas do processo é essencial, portanto, é importante pesquisar sobre a reputação do exportador.
- » **Remessa direta:** pagamento somente depois de receber a mercadoria, antes de quitar o valor total. Essa modalidade ajuda a reduzir o risco de receber produtos diferentes do esperado.
- » **Planejamento logístico:** ter total conhecimento e controle do transporte e armazenamento da mercadoria para evitar atrasos e gastos extras. O conhecimento das exigências técnicas e administrativas ajuda a diminuir os riscos na importação, evitando assim surpresas desagradáveis.
- » **Conhecimento das regras:** a atualização sobre as leis fiscais e alfandegárias pode evitar multas e problemas com a liberação e a entrega das mercadorias.
- » **Contratação de especialista:** por último, caso a empresa não tenha total conhecimento dos processos envolvidos na importação, é aconselhável contratar um especialista, seja um despachante ou uma trading company; assim, a redução de riscos na importação será significativa.

Além das questões de pagamentos, a redução de riscos na importação engloba também aspectos administrativos e burocráticos, principalmente na legislação brasileira. Uma boa análise e a classificação correta do produto pela Nomenclatura Comum do Mercosul (NCM) podem evitar vários problemas no processo de importação. Uma classificação incorreta do produto ou a documentação inadequada pode gerar multas, atrasos, problemas na alfândega e até a apreensão da mercadoria. Por isso, quem cuida da classificação e do registro de importação deve ser extremamente cuidadoso. Ao usar o código NCM, é preciso verificar se o produto exige Licença de Importação (LI). Alguns itens, como alimentos, brinquedos e medicamentos, podem precisar de licenças antes ou depois do embarque.

Os riscos financeiros, como impostos altos e taxas de juros desfavoráveis, também podem impactar a operação. É essencial entender todos os procedimentos e buscar maneiras de reduzir os custos tributários. Conhecer bem os detalhes do processo, como peso, volume, preço e custo total da mercadoria, é vital para que a importação seja viável e lucrativa. Os impostos podem ter um impacto direto na viabilidade da importação. Outro ponto crítico é o risco cambial. A economia mundial é imprevisível, e as moedas estrangeiras, como o dólar, podem variar muito. No cenário econômico atual do Brasil, isso se agrava, deixando o financiamento da operação vulnerável a essas mudanças. Se o câmbio subir, os custos podem aumentar, causando prejuízos para a estratégia da empresa.

Como mitigar riscos nas modalidades de pagamento na exportação

Podemos citar quatro maneiras de recebimento, ordenadas do menor para o maior risco ao exportador:

» Carta de crédito: é considerada a modalidade de menor risco no comércio internacional, pois haverá uma instituição bancária atuando como garantidora entre o comprador e o vendedor. Para o importador, o banco no país do exportador só fará o pagamento após a apresentação dos documentos completos de embarque, como solicitado pelo importador, o que garante que a mercadoria foi enviada corretamente. Para o exportador, a presença do banco garante o pagamento, desde que os documentos necessários estejam corretos e completos.

» Pagamento antecipado: nessa forma de pagamento, o exportador tem total segurança, sendo indicada para parceiros ainda não muito conhecidos ou oriundos de países com instabilidade política e financeira. Como o importador paga pelo produto antes que seja enviado, isso significa que o maior risco fica com ele, já que não há garantia de que a mercadoria será realmente embarcada.

» **Cobrança documentária:** nessa modalidade, o banco atua como intermediário entre o exportador e o importador, mas não garante o pagamento. O exportador envia os documentos comerciais e financeiros ao banco que, seguindo as orientações do exportador, entrega esses documentos ao importador. O importador precisa pagar ou aceitar os documentos para liberar a mercadoria na alfândega. Esse processo exige confiança entre as partes. Se houver fraudes nos documentos ou problemas no envio da mercadoria, o importador pode sair prejudicado. O exportador também corre riscos se o importador não pagar ou não aceitar os documentos, mesmo após o envio dos produtos. Por isso, é essencial que ambas as partes sejam confiáveis e sigam as condições acordadas para evitar perdas.

» **Remessa sem saque:** nessa modalidade, o exportador envia as mercadorias e os documentos comerciais diretamente ao importador. O pagamento é feito pelo importador após receber os produtos. O exportador assume o maior risco, pois não tem garantia de que o importador pagará conforme combinado. Exige um alto nível de confiança entre as partes. Esta modalidade é mais recomendada para negociações com parceiros de confiança e em transações de menor risco.

★ VOCÊ SABIA?

Um dos maiores bancos do Brasil está testando uma nova forma de pagamento usando stablecoins, que são criptomoedas ligadas a moedas tradicionais, como o dólar, na proporção de um para um. Com essa novidade, exportadores poderão receber o pagamento de suas vendas internacionais em criptomoedas que têm o mesmo valor do dólar.

Como funciona? O exportador vende a mercadoria para o exterior, e o importador paga por meio de uma plataforma digital usando stablecoins. Essa plataforma transfere a quantidade correspondente de dólares para o banco no Brasil. Em seguida, o banco converte esse valor em reais e o repassa ao exportador.

A vantagem das stablecoins está na eficiência e no menor custo para todos os envolvidos. Além disso, a tecnologia blockchain, que torna tudo isso possível, é mais segura, rápida e elimina intermediários, deixando o processo mais direto e confiável. Esse avanço tecnológico é considerado irreversível e está transformando o comércio global. Esse tipo de operação já está autorizado e implementado na Bolívia.

As oportunidades de lucratividade no comércio exterior

No mundo atual, em que tudo está cada vez mais conectado, o comércio internacional é essencial para o crescimento econômico, a troca entre países e a melhoria da vida das pessoas, o que traz muitos benefícios, tanto para os países quanto para as empresas e as pessoas.

Benefícios do comércio internacional

» Crescimento econômico: abre novos mercados, possibilita o aumento da produção e cria mais empregos. Assim, os países crescem economicamente.

» Mais clientes: as empresas podem vender para mais pessoas fora de seu país, aumentando as vendas e os lucros.

» Troca de recursos: os países compartilham o que têm de melhor. Alguns têm matéria-prima, outros têm tecnologia ou mão de obra qualificada, o que beneficia a todos.

» Mais competitividade: ao competir com empresas de outros países, as empresas nacionais melhoram seus produtos e serviços, oferecendo mais qualidade aos consumidores.

» Economias de escala: com mercados maiores, as empresas podem produzir mais, reduzindo custos e investindo em inovação.

Globalização e comércio

A globalização conecta os países, permitindo que empresas vendam produtos para o mundo todo. Isso facilita:

- » a entrega mais rápida de produtos;
- » a troca de ideias e tecnologias;
- » a integração de culturas diferentes, que incentiva a inovação.

Benefícios para países em desenvolvimento

Os países em desenvolvimento ganham muito com o comércio internacional, pois:

- » podem vender seus produtos para mercados maiores, o que gera empregos e o crescimento da economia;
- » atraem investimentos estrangeiros, que trazem dinheiro, tecnologia e conhecimento;
- » aprendem com outros países, adotando novas tecnologias e práticas.

Empresas internacionais

As empresas que atuam em vários países ajudam no comércio, pois:

- » aproveitam vantagens tributárias de diferentes lugares;
- » operam em muitos mercados, reduzindo riscos;
- » usam talentos e recursos de diferentes países para serem mais competitivas.

Por que o comércio internacional é importante?

O comércio internacional conecta países, pessoas e negócios, trazendo crescimento, inovação e desenvolvimento. Ajuda a melhorar a economia, promove a troca de ideias e incentiva a colaboração entre nações. Governos, empresas e cidadãos devem entender e aproveitar as oportunidades que o comércio internacional oferece para criar um futuro de mais prosperidade e cooperação global.

O reflexo de ganho na empresa exportadora traz os seguintes benefícios:

- **Aumento da receita:** o comércio internacional pode ser uma fonte significativa de receita para as empresas.
- **Redução de custos:** as empresas podem ter redução de custos de produção e insumos com o comércio internacional.
- **Aprendizagem e inovação:** o comércio internacional pode ajudar as empresas a aprender com novas culturas e tecnologias.
- **Consolidação no mercado doméstico e internacional:** fixa a marca no mercado mundial e, com sua marca internacional, agrega valor ao seu produto no mercado doméstico, ganhando credibilidade e confiança.

☛ Arrematando as ideias

Neste capítulo, compreendemos que a gestão financeira internacional é a prática de gerenciar recursos financeiros e riscos em um cenário global. A decisão de adentrar o mercado internacional para atingir diferentes mercados de maneira sustentável, tanto econômica como operacionalmente, requer diversas mudanças e estudos. As adaptações de um produto ou serviço do mercado doméstico para mercados mundiais, mais exigentes, com maior competitividade, requer esforços, investimentos, planejamento e perseverança. Assim que os objetivos são atingidos, a empresa que decidiu partir para o mercado global só tende a crescer, com base, sustentação e usufruindo da melhoria contínua, que é diretamente aplicada em seu produto ou serviço no mercado doméstico, agregando valor e se diferenciando de seus concorrentes.

Referências

40% DOS LÍDERES não estão preparados para mudanças, diz pesquisa. **Exame**, 2022. Disponível em: https://exame.com/carreira/40-dos-lideres-nao-estao-preparados-para-a-mudanca-diz-pesquisa/. Acesso em: 22 nov. 2024.

AGÊNCIA SEBRAE DE NOTÍCIAS (ASN). Inovação: 78% das startups brasileiras já utilizam Inteligência Artificial em seus processos. **ASN**, 2024a. Disponível em: https://agenciasebrae.com.br/dados/inovacao-78-das-startups-brasileiras-ja-utilizam-inteligencia-artificial-em-seus-processos/. Acesso em: 31 jan. 2025.

AGÊNCIA SEBRAE DE NOTÍCIAS (ASN). Startups brasileiras faturam mais de R$ 9 milhões após participarem de missões de internacionalização. **ASN**, 2024b. Disponível em: https://agenciasebrae.com.br/inovacao-e-tecnologia/startups-brasileiras-faturam-mais-de-r-9-milhoes-apos-participarem-de-missoes-de-internacionalizacao/. Acesso em: 29 jan. 2025.

ALIBABA. Alibaba (página inicial). **Alibaba**, [*s. d.*]. Disponível em: https://www.alibaba.com. Acesso em: 18 dez. 2024.

APEXBRASIL. Programa gratuito da ApexBrasil impulsiona empresas brasileiras ao mercado internacional. **ApexBrasil**, 2024. Disponível em: https://apexbrasil.com.br/br/pt/conteudo/noticias/Programa-gratuito-impulsiona-empresas-brasileiras-ao-mercado-internacional1.html. Acesso em: 2 out. 2024.

BARBIERI, C. Indústria brasileira vai de 9º a 14º lugar entre as maiores do mundo em 15 anos. **CNN Brasil**, 2021. Disponível em: https://www.cnnbrasil.com.br/economia/macroeconomia/industria-do-brasil-vai-de-9a-para-14a-no-mundo-e-caira-mais/. Acesso em: 21 jan. 2025.

BRASIL. Empresas & Negócios. Exporta fácil dos Correios. **Gov.br**, 2022. Disponível em: https://www.gov.br/empresas-e-negocios/pt-br/invest-export-brasil/exportar/aprender-a-exportar/logistica/exporta-facil-dos-correios. Acesso em: 18 dez. 2024.

BRASIL. Empresas & Negócios. Mapa de empresas. **Gov.br**, [*s. d.*]a. Disponível em: https://www.gov.br/empresas-e-negocios/pt-br/mapa-de-empresas. Acesso em: 2 out. 2024.

BRASIL. Instituto Brasileiro de Geografia e Estatística (IBGE). Painel de indicadores. **Gov.br**, [*s. d.*]b. Disponível em: https://www.ibge.gov.br/indicadores. Acesso em: 2 out. 2024.

BRASIL. Instituto de Pesquisa Econômica Aplicada (IPEA). **Ipeadata**, [*s. d.*]. Disponível em: https://www.ipea.gov.br/portal/categoria-projetos-e-estatisticas/9930-ipeadata?highlight=WyJjYXRhbG9nbyIsIidjYXRcdTAwZTFsb2dvIl0=. Acesso em: 2 out. 2024.

BRASIL. Ministério da Fazenda. Subportal Importação. **Manual Aduaneiro de Importação**. Brasília, DF: Ministério da Fazenda, 2024a. Disponível em: https://www.gov.br/receitafederal/pt-br/assuntos/aduana-e-comercio-exterior/manuais/subportais-aduana-e-comercio-exterior/importacao. Acesso em: 6 dez. 2024.

BRASIL. Ministério das Relações Exteriores. **Exportação passo a passo**. Brasília, DF: Ministério das Relações Exteriores, 2011. Disponível em: https://www.gov.br/empresas-e-negocios/pt-br/invest-export-brasil/arquivos-e-imagens/PUBExportPassoPasso2012.pdf. Acesso em: 22 jan. 2025.

BRASIL. Ministério do Desenvolvimento, Indústria, Comércio e Serviços. **Comex Stat**, [*s. d.*]. Disponível em: https://comexstat.mdic.gov.br/pt/home. Acesso em: 18 dez. 2024.

BRASIL. Ministério do Desenvolvimento, Indústria, Comércio e Serviços. Pequenos negócios correspondem a 41% das empresas brasileiras que exportam. **Gov.br**, 2023a. Disponível em: https://www.gov.br/mdic/pt-br/assuntos/noticias/2023/marco/pequenos-negocios-correspondem-a-41-das-empresas-brasileiras-que-exportam. Acesso em: 21 nov. 2024.

BRASIL. Ministério do Desenvolvimento, Indústria, Comércio e Serviços. Perfil das firmas exportadoras brasileiras – um panorama. **Gov.br**, 2023b. Disponível em: https://www.gov.br/mdic/pt-br/assuntos/noticias/2023/junho/perfil_exportadoras-secex.pdf/view. Acesso em: 18 dez. 2024.

BRASIL. Presidência da República. **Constituição da República Federativa do Brasil de 1988**. Brasília, DF: Presidência da República, 1988. Disponível em: https://www.planalto.gov.br/ccivil_03/constituicao/constituicao.htm. Acesso em: 23 jan. 2025.

BRASIL. Secretaria da Receita Federal. **Instrução Normativa SRF nº 611**, de 18 de janeiro de 2006. Dispõe sobre a utilização de declaração simplificada na importação e na exportação. Brasília, DF: Secretaria da Receita Federal, 2006. Disponível em: http://normas.receita.fazenda.gov.br/sijut2consulta/link.action?idAto=15544&visao=anotado. Acesso em: 21 jan. 2025.

BRASIL. Serviços. Sistema Harmonizado (SH) e Nomenclatura Comum do Mercosul (NCM). **Siscomex**, [*s. d.*]. Disponível em: https://www.gov.br/siscomex/pt-br/servicos/aprendendo-a-exportar/1-classificacao-fiscal-da-mercadoria/sh-e-ncm/sh-e-ncm. Acesso em: 22 jan. 2025.

CHIAVENATO, I. **Gestão de pessoas**: o novo papel dos recursos humanos nas organizações. Barueri: Manole, 2014.

DRUCKER, P. F. **Inovação e espírito empreendedor**: prática e princípios. São Paulo: Cengage Learning, 2016.

EUROMONITOR. Euromonitor (página inicial). **Euromonitor**, [*s. d.*]. Disponível em: https://www.euromonitor.com/. Acesso em: 18 dez. 2024.

EUROPEAN COMMISSION. Access2Markets (página inicial). **European Commission**, [*s. d.*]. Disponível em: https://trade.ec.europa.eu/access-to-markets/en/home. Acesso em: 18 dez. 2024.

FAÉ, J. Existe um plástico verde? **Global suprimentos industriais**, 2022. Disponível em: https://suprimentosglobal.com.br/artigo/o-que=-e-plastico-verde#:~:text-O%20que%20conhecemos%20por%20pl%C3%A1stico,uma%20fonte%20finita%20de%20mat%C3%A9ria. Acesso em: 6 dez. 2024.

FISCHER, R.; URY, W.; PATTON, B. **Getting to yes**: negotiating agreement without giving in. London: Penguin Books, 2011.

GOOGLE. Google trends (página inicial). **Google Trends**, [*s. d.*]. Disponível em: https://trends.google.com.br/trends/. Acesso em: 18 dez. 2024.

GUITARRARA, P. Transportes. **Brasil Escola**, 2024. Disponível em: https://brasilescola.uol.com.br/geografia/transportes.htm. Acesso em: 6 dez. 2024.

HARVARD LAW SCHOOL. Academic Programs & Faculty. **Program on Negotiation**, 2014. Disponível em: https://www.pon.harvard.edu/faculty/william-ury/#:~:text=William%20Ury%20is%20one%20of,new%20negotiation%20theories%20and%20practices. Acesso em: 22 nov. 2024.

IMD INTERNACIONAL. **Dominando os mercados globais**. São Paulo: Makron Books, 2010.

INSTITUTO DE PESQUISA ECONÔMICA APLICADA (IPEA). Séries de estatísticas conjunturais. **Ipea**, 2017. Disponível em: https://www.ipea.gov.br/cartadeconjuntura/index.php/series-estatisticas-conjunturais-2/. Acesso em: 06 dez. 2024.

LEVINSON, M. **The box**: how the shipping container made the world smaller and the world economy bigger. Princeton: Princeton University Press, 2006.

MÁXIMO, W. Desvalorização de commodities faz superávit comercial recuar em agosto. **Agência Brasil**, 2024. Disponível em: https://agenciabrasil.ebc.com.br/economia/noticia/2024-09/desvalorizacao-de-commodities-faz-superavit-comercial-recuar-em-agosto. Acesso em: 17 dez. 2024.

MOURA, R. A. **Sistemas e técnicas de movimentação e armazenagem de materiais**. V. 1. São Paulo: IMAM, 2010.

NERI, M. C.; CAMARGO, J. M.; REIS, M. C. **Mercado de trabalho nos anos 90**: fatos estilizados e interpretações. Rio de Janeiro: Ipea, 2000.

RAPOSO, J. C. Os principais desafios e oportunidades para o Comércio Exterior em 2024. **CNC**, 2024. Disponível em: https://portaldocomercio.org.br/publicacoes_posts/os-principais-desafios-e-oportunidades-para-o-comercio-exterior-em-2024/. Acesso em: 22 nov. 2024.

REDINZ, M. A.; ROCHA, A. **Informe Estratégico** – O futuro do trabalho segundo relatório do Fórum Econômico Mundial. Findes, 2024. Disponível em: https://findes.com.br/wp-content/uploads/2024/08/Informe-Estrategico-%E2%80%93-O-futuro-do-trabalho-segundo-relatorio-do-Forum-Economico-Mundial.pdf. Acesso em: 6 dez. 2024.

SAIBA quais são as 50 empresas mais admiradas do mundo em 2024. **Istoé Dinheiro**, 2024. Disponível em: https://istoedinheiro.com.br/as-50-empresas-mais-admiradas-do-mundo-2024/. Acesso em: 14 fev. 2025.

SERVIÇO BRASILEIRO DE APOIO ÀS MICRO E PEQUENAS EMPRESAS (SEBRAE). A taxa de sobrevivência das empresas no Brasil. **Sebrae**, 2023a. Disponível em: https://sebrae.com.br/sites/PortalSebrae/artigos/a-taxa-de-sobrevivencia-das-empresas-no-brasil,d5147a3a415f5810VgnVCM1000001b00320aRCRD. Acesso em: 22 nov. 2024.

SERVIÇO BRASILEIRO DE APOIO ÀS MICRO E PEQUENAS EMPRESAS (SEBRAE). Micro e pequenas empresas se destacam na exportação. **Sebrae**, 2023b. Disponível em: https://sebrae.com.br/sites/PortalSebrae/artigos/micro-e-pequenas-empresas-se-destacam-na-exportacao,bf650ac9c66b8810VgnVCM1000001b00320aRCRD#:~:text=Segundo%20o%20estudo%2C%20publicado%20em,os%20microempreendedores%20individuais%20(MEIs). Acesso em: 21 nov. 2024.

SERVIÇO BRASILEIRO DE APOIO ÀS MICRO E PEQUENAS EMPRESAS (SEBRAE). Saúde mental no Brasil e o impacto para as empresas. **Sebrae**, 2023c. Disponível em: https://sebrae.com.br/sites/PortalSebrae/artigos/saude-mental-no-brasil-e-o-impacto-para-as-empresas,40d1419305b15810VgnVCM100000d701210aRCRD#. Acesso em: 22 nov. 2024.

SCHAUBHUT, N. A. Technical brief for the Thomas-Kilmann conflict mode instrument. **CPP**, 2007. Disponível em: https://kilmanndiagnostics.com/wp-content/uploads/2018/04/TKI_Technical_Brief.pdf. Acesso em: 24 jan. 2025.

SCHOBA, T. Embalagem logística: conceito, tipos, exemplos e muito mais. **Inobag**, 2022. Disponível em: https://inobag.com.br/blog/logistica/embalagem-logistica/?srsltid=AfmBOoo_Ee5vgnyWyloaV7yWydiE4Nq3tivPXSjVO-7RIxa3VnWvEMU_j. Acesso em: 6 dez. 2024.

SORENTINO, I. A história dos vinhos em ânfora. **Elite Vinho**, 2024. Disponível em: https://elitevinho.com.br/blog/a-historia=-dos-vinhos-em-anfora/?srsltid-AfmBOoqo-18Y9f_WZvyRjxD381EagfJAnU__TlXb-c-p8xIkPSjZJbve. Acesso em: 6 dez. 2024.

STATISTA. Statista (página inicial). **Statista**, [*s. d.*]. Disponível em: https://www.statista.com/. Acesso em: 18 dez. 2024.

THE GLOBAL competitiveness index (GCI). **World Economic Forum**, 2022. Disponível em: https://www.weforum.org/about/the-global-competitiveness-index-gci-5-0/. Acesso em: 2 out. 2024.

URY, W. **Getting to yes with yourself and other worthy opponents**. San Francisco, CA: Harper One, 2015.

VASCONCELOS FILHO, P.; PAGNONCELLI, D. **Construindo estratégias para vencer**. Rio de Janeiro: Campus, 2001.

WESTIN, R. Antes do Plano Real, inflação no Brasil chegou a 2.500% ao ano. **Senado Federal**, 2024. Disponível em: https://www12.senado.leg.br/noticias/especiais/arquivo-s/antes-do-plano-real-inflacao-no-brasil-chegou-a-2-500-ao-ano. Acesso cm: 2 out. 2024.